★ 우리가 만드는 변화의 시작 ★

10대를 위한 사회참여 이야기

보랏빛소 어린이

 들어가는 글

10대, 세상을 바꾸다!

안녕하세요, 독자 여러분! 저는 이 책을 쓴 '꿈쌤 백수연'이에요. 선생님은 청소년지도사, 강사, 작가라는 다양한 직업을 통해 청소년들의 꿈을 반짝반짝 빛나게 도와주는 일을 하고 있어요.

이 책은 우리가 살고 있는 세상을 더 나은 곳으로 만들기 위해 다양한 실천을 하고 마침내 세상을 변화시킨 자랑스러운 친구들의 이야기랍니다. 이렇게 자신이 살고 있는 사회에 관심을 가지고 문제 해결을 위해 자발적으로 참여하는 활동을 '사회참여'라고 해요.

여러분에게 사회참여 활동이 왜 중요할까요? 여러분은 미래 사회를 이끌어 갈 주인공일 뿐만 아니라, 현재를 변화시킬 무한한 가능성을 가지고 이 시대를 함께 살아가는 '시민'이기 때문이에요.
'이렇게 어린 우리가 대체 세상을 위해 무엇을 할 수 있을까?'
'나이도 어리고, 잘하는 것도 없고, 평범하기만 한 내가 정말 세상을 바꿀 수 있을까?'
이런 의문이 들 수도 있어요.
하지만 나이는 중요하지 않아요. 어른이 된다고 저절로 시민이 되는 것은 아니랍니다. 어릴 때부터 세상의 문제에 관심을 갖고 해결하는 사회참여 활동을 실제로 경험해 보는 것은 여러분이 멋진 시민으로 성장하는 데 큰 도움을 주거든요.

스웨덴의 청소년 환경 운동가 그레타 툰베리를 알고 있나요?
15세의 그레타는 기후 변화 문제의 심각성을 알리기 위해 매주 금요일마다 등교를 거부하며 국회의사당 앞에서 1인 시위를 했어요. 그레타의 1인 시위는 SNS를 통해 전 세계로 퍼져 나갔고, 이에 감명을 받은 전 세계 수백만 명의 학생들이 '미래를 위한 금요일' 운동에 참가하게 되었답니다.
그레타 툰베리는 이렇게 말했어요.
"변화를 일으키는 일에 나이 따위는 중요하지 않아요."
맞아요. 세상을 변화시키는 일에 한계는 없답니다.

우리나라에도 그레타 툰베리처럼 세상을 멋지게 바꾸고 있는 10대가 아주 많아요. 이 책에는 국내 최초로 코로나19 현황 보고 플랫폼을 개발한 형빈이, 1인 크리에이터를 위한 회사를 설립한 청소년 창업가 제우, 도움이 필요한 사람들에게 자신의 재능을 나누어 준 봉사왕 슬비, 우리 동네를 살기 좋은 곳으로 만들어 준 승혁이, 자퇴생을 향한 편견과 차별에 맞서 싸운 혜교, 청소년을 위한 비영리 단체를 설립한 승준이, 청소년을 위한 정책을

직접 만들고 제안한 지윤이 등 어린 나이임에도 불구하고 세상에 관심을 갖고 문제를 해결하여 작은 변화를 이끌어 낸 멋진 친구들의 이야기가 담겨 있어요. 꿈쌤이 만나 본 이 일곱 명의 친구들에게는 세 가지 특별한 공통점이 있었답니다.

첫째, 누가 시키지 않아도 **자기 주도성**을 갖고 적극적으로 행동해요.
둘째, 스스로 문제를 발견하고 해결하기 위해 **창의적인 생각**을 해요.
셋째, 친구들과 함께 협업하며 **타인을 존중하고 배려하는 따뜻한 마음**을 가지고 있어요.

무엇보다 이 친구들은 특정 직업인을 꿈꾸기보다는, 세상을 바꾸고 세상에 도움이 되고자 했어요. 그래서 보다 더 나은 세상을 위해, 내 주변에서 스스로 발견한 문제를 해결하기 위해 일상생활 속에서 지금 자신이 할 수 있는 일을 실제로 해 보면서 배워 나갔어요.
어때요, 그렇게 어렵지만은 않지요? 내가 살아가고 있는 우리 동네, 세상의 문제에 관심을 가지고, 해결 방법을 고민하고, 지금 당장 할 수 있는 일들을 하나씩 실천해 보세요. 거창하거나 특별하지 않아도 괜찮아요. 우리 주변의 사소한 것부터, 여러분의 눈에 포착된 불편함과 어려움을 해결할 수 있는 작은 실천과 용기만 있으면 된답니다.

쉿, 이건 비밀인데요!

  여러분에게는 변화를 만드는 무한한 잠재력이 있어요. 숨겨져 있는 나의 가능성을 발견해 보세요. 나도 충분히 세상을 변화시킬 수 있다고 스스로를 믿어 보세요. 나의 작은 실천과 용기로 더 나은 세상을 만드는 경험은 이 세상을 변화시킬 뿐만 아니라, 여러분의 삶을 변화시키는 소중한 꿈의 씨앗이 될 거에요.

  여러분은 좀 더 나은 세상을 위해 무엇을 하고 싶나요? 세상에 어떤 도움이 되고 싶나요? 지금부터 꿈쌤과 함께 책 속 주인공들을 만나면서 스스로 그 답을 찾아보세요. 이제 여러분이 또 다른 변화를 만들어 갈 주인공이랍니다. 사회참여, 여러분도 충분히 할 수 있어요! 여러분이 만드는 변화의 시작을 꿈쌤이 응원합니다.

꿈쌤 백수연

차례

들어가는 글_10대, 세상을 바꾸다! · 2

오늘은 불안해하지 말아요 · 8
국내 최초 코로나19 현황 정보 플랫폼
'코로나나우' 개발자, 최형빈
- 생각이 쑥쑥 자라는 '메이커' 이야기 · 26

친구들을 위해 회사를 만들다 · 28
청소년 크리에이터를 위해 회사를 설립한
청소년 창업가, 이제우
- 생각이 쑥쑥 자라는 '기업가 정신' 이야기 · 46

나로 인해 세상이 더 따뜻해진다면 · 48
내가 가진 작은 힘으로 세상을 돕는
봉사 마니아, 박슬비
- 생각이 쑥쑥 자라는 '자원봉사' 이야기 · 66

나는야 우리 동네 문제 해결사! · 68
우리 마을을 살기 좋게 바꾸는
사회참여 동아리 회장, 최승혁
- 생각이 쑥쑥 자라는 '사회참여 활동' 이야기 · 86

 ### 편견과 차별 없는 세상을 위하여 • 88
학교 밖 청소년의 인권을 위해 싸우는
'홈스쿨링생활백서' 대표, 송혜교
- 생각이 쑥쑥 자라는 '편견과 차별' 이야기 • 108

 ### 우리가 직접 바꿔 볼래! • 110
오직 청소년을 위한 단체,
'꿈을 DREAM'의 대표, 이승준
- 생각이 쑥쑥 자라는 '자기 주도성' 이야기 • 130

 ### 우리가 직접 만드는 청소년 정책! • 132
청소년을 위한 정책을 제안하는
청소년특별회의 14대 전국 의장, 김지윤
- 생각이 쑥쑥 자라는 '정책 제안' 이야기 • 150

에필로그_나를 믿는 마음, 그거 하나면 돼요 • 152

일러두기 : 이 책은 국립국어원 표준국어대사전이
제공하는 맞춤법 및 띄어쓰기 원칙을 기준으로 하고 있어,
실제 현장에서 사용되는 용어와 표기에 차이가 있을 수
있음을 밝힙니다._편집부

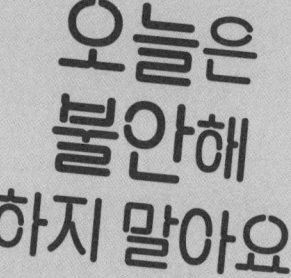

오늘은 불안해 하지 말아요

국내 최초 코로나19 현황 정보 플랫폼
'코로나나우' 개발자, 최형빈

많은 사람이 제가 엄청 뛰어난
개발자인 줄 알아요.
하지만 저는 컴퓨터 천재도 아니고,
개발을 잘하는 것도 아니에요.
그저 세상이 꼭 필요로 하는
플랫폼을 만들기 위해서 노력했을 뿐이에요.

 코로나19로 사라진 보통의 하루

"뉴스 속보입니다. 국내 코로나19 첫 확진자가 발생하였습니다."

2020년 1월, 코로나19 바이러스 국내 첫 확진자 발생 소식으로 인해 우리나라가 발칵 뒤집혔어요.

"형빈아, 너 뉴스 봤어? 지금 중국에서 발생한 신종 바이러스가 우리나라에도 생겼대."

"코로나 바이러스? 그게 뭐야?"

2019년 12월 중국 우한에서 처음 시작된 '코로나바이러스감염증-19'는 기침이나 재채기를 하며 생긴 침방울에 의해 빠르게 전염되는 호흡기 감염병으로, 전 세계적으로 확산되어 어느 순간 우리나라에도 유입되기 시작했어요.

'곧 잠잠해지겠지. 괜찮을 거야.'

대수롭지 않게 생각했던 바이러스는 형빈이가 사는 대구 지역의 집단 감염을 통해 더욱 심각해졌어요. 코로나19 위기 경보가 '심각' 단계로 격상되면서 사람들은 외출을 자제했고, 거리를 돌아다니는 사람들이 없어 마치 유령 도시처럼 느껴졌어요. 형빈이는 친구들과 만나 PC방에도 갈 수 없고, 운동장에서 농구도 할 수 없었어요. 당연하게 누리던 보통의 하루가 사라지고 말았지요.

사람들은 걱정과 불안을 가득 안고 코로나19에 관한 정보를 얻기 위해 날마다 정부의 지침을 발표하는 뉴스에 귀를 기울였어요. 그런데 혼란스러운 상황을 틈타 각종 SNS에서 코로나19에 관한 가짜 뉴스가 퍼지기 시작했어요.

"어떻게 해! 정부에서 우리 지역을 봉쇄한대. 이러다 우리 다 감염되는 거 아니야?"

"감염자가 우리 집 근처 식당에 다녀갔대. 외출하기도 무서워. 당분간은 집에서 나가지 말아야겠어."

"그 소식 들었어? 대구 코로나 확진 내용이 와서 클릭했는데 코로나 피싱 당했대."

어떤 정보는 진짜였지만, 어떤 것은 말도 안 되는 가짜였어요. 하지만 사람들은 이를 구분할 방법이 없어 그저 불안에 떨 수밖에 없었지요. 이 모습을 지켜보던 형빈이는 씁쓸한 마음이 들었어요.

'말도 안 되는 허위 사실 때문에 사람들이 불안해하다니! 지금 우리에

게 가장 필요한 것은 무엇일까? 공신력 있는 바른 정보들을 빠르게 취합해서 한눈에 볼 수 있는 플랫폼이 있으면 좋을 텐데…….'

형빈이는 어떻게 하면 사람들이 불안으로부터 벗어날 수 있을지 고민을 거듭했고, 마침내 결론을 내렸어요.

"그래, 실시간으로 코로나19 현황을 보여 주고, 다양한 정보를 한곳에서 쉽게 볼 수 있는 플랫폼을 내가 직접 만들어 보자!"

중학생 형빈이는 평소에도 창업, 개발, 스타트업 등 컴퓨터 분야에 관심이 많았어요. 사람들이 자신이 만드는 프로그램이나 플랫폼을 이용하는 것에 보람을 느껴 '스타트업 CEO'라는 꿈도 키우고 있었지요. 그래서 평소에 IT와 관련된 교육도 듣고, 독학으로 다양한 개발에 대해 공부하고 있었어요. 조금만 더 공부하면 앱도 만들 수 있을 것 같았지요.

마음을 굳힌 형빈이는 같은 관심사를 지닌 친구 찬형이에게 전화를 걸었어요.

"찬형아, 나 좋은 아이디어가 떠올랐어. 우리 같이 앱 하나 만들어 볼래?"

"앱? 그래, 재밌겠다. 한번 해 보자!"

형빈이와 찬형이는 해커도 아니고, 전문 프로그래머나 컴퓨터 천재도 아니에요. 그냥 평범한 중학교 3학년, 16세 소년이었지요. 그저 누군가의 걱정과 불편함을 해결해 주고 싶은 작은 마음과 아이디어가 '코로나 나우'의 시작이었어요.

 **5일간의 무모한 도전**

형빈이는 어플리케이션 개발을 시작하면서 부모님께 말씀드렸어요.

"엄마, 아빠. 저 가짜 뉴스에 걱정하는 사람들에게 도움이 될 수 있는 코로나19 현황 정보 플랫폼을 만들어 보고 싶어요. 학교 공부도 게을리 하지 않을 테니 지켜봐 주세요!"

"어머, 우리 형빈이가 그런 생각을 하다니 기특하구나. 그래, 한번 열심히 해 보렴."

"저어, 그런데…… 웹페이지 디자인 템플릿을 구매해야 되는데 해외 결제가 필요해서요. 혹시 엄마 신용 카드로 17,000원만 결제해 주시면 안 될까요?"

부모님은 웃으며 기꺼이 형빈이를 위해 웹 디자인 비용을 결제하셨고, 본격적으로 형빈이와 찬형이는 '모두의 걱정 없는 하루를 위하여'라는 가치 아래에 개발을 시작했어요. 무엇보다 나 자신의 즐거움이나 이익이 아닌, 시민들의 불안을 해소하고자 하는 목적이 있었기에 두 친구의 의지는 더욱 활활 타올랐어요.

"우리, 광고 수익이 10만 원 정도만 나와도 기부하자."

"좋아! 작지만 임팩트를 줄 수 있는 플랫폼이 되도록 열심히 해 보자!"

우선 코로나19 현황 정보 플랫폼의 핵심인 데이터를 수집하기 시작했어요. 다양한 정보가 실시간으로 반영되는 자동화 기능이 있다면 좋겠지만, 그런 앱을 직접 개발하기에는 기술도, 장비도, 예산도 턱없이 부족했어요.

데이터를 가져올 데이터 소스가 없었기 때문에 결국 형빈이는 수동 운영을 결정했고, 질병관리본부를 비롯해 모든 뉴스와 정부의 발표를 하나하나 모니터링 하며 데이터를 수집해야 했어요. 수집한 정보를 즉각 반영하고 푸시 알림을 설정하는 등 모든 과정을 일일이 수동으로 운영했어요. 개발하는 며칠간은 매일 새벽까지 잠도 잘 수 없었어요.

'조금 번거롭고 힘들지만, 더 빠르고 정확한 서비스를 위해서 이 정도 고생쯤이야 해낼 수 있어.'

형빈이와 찬형이는 게임할 시간, 잠잘 시간을 줄여 '코로나나우' 개발에 집중했어요. 몸은 힘들었지만, 콘텐츠를 하나하나 만들고 문제를 해결해 나갈 때마다 보람을 느꼈어요. 자신이 꿈꾸던 것을 현실로 끄집어내고, 누군가에게 필요한 것을 만들어 내는 과정이 무척 재미있고 행복했어요.

그리고 마침내 '코로나나우'가 완성되었어요.

웹 디자인 비용 17,000원, 제작 기간 5일 소요!

열여섯 살 중학생 친구들의 포부와 열망이 만들어 낸 기적의 성과였답니다.

'코로나나우' 메인 화면

 **대구 중학생이 만든 '코로나나우'의 힘**

기쁨과 행복도 잠시, 날마다 추가하고 업데이트 할 기능들이 산더미처럼 남아 있어 두 친구는 기쁨을 누릴 겨를도 없었어요.

'그래도 이제 한 단계가 끝났으니 더 열심히 해야지. 이제부터가 시작이야!'

앱을 완성한 뒤에도 '코로나나우' 서비스는 형빈이와 찬형이 두 명이 역할을 분담해서 운영했어요. 날마다 상황이 바뀌고 있기에 다양한 국가 기관 및 신뢰할 수 있는 기관에서 나오는 자료를 보고 형빈이는 국내, 찬형이는 해외 데이터를 모니터링 하면서 매일 업데이트를 진행했어요.

특히 국내의 주요 기사나 형빈이가 살고 있는 대구 지역 소식은 푸시 알림으로 빠르게 전달했어요.

코로나19의 지역 사회 확산 방지를 위해 등교를 하지 않는 상황이었기에 형빈이는 오직 '코로나나우'에만 집중할 수 있었지요. 오전, 오후에는 현황 관리, 새벽에는 업데이트를 계속 반복했어요.

힘들었지만 사용자가 한 명, 두 명씩 늘어가는 걸 볼 때마다 형빈이는 신기하고 재미있었어요. 게다가 '코로나나우'가 공개되자 사람들의 반응은 기대 이상으로 좋았지요.

- 자가 격리를 하며 하루하루 불안했는데, 이런 정보를 보니 조금이나마 안심이 돼요.
- 세상에 어떻게 이런 앱을 만들 생각을 하셨는지! 정말 대단해요!
- 실시간으로 코로나19 현황을 알려 줘서 감사합니다.

처음에는 찬형이와 단둘이 시작했지만, 점차 운영이 버거워졌어요. 그래서 같은 학교의 친한 친구 세 명에게 도움을 청해 영어 번역부터 개발과 뉴스 정리를 나누어 하기로 했어요. 형빈이까지 총 다섯 명의 '코로나나우' 운영 멤버들은 함께 힘을 모아 운영에 몰두했어요. 그 덕분에 조금씩 입소문이 나기 시작했고, 전국의 맘카페를 위주로 '코로나나우'가 유명해지기 시작했지요.

그러던 어느 날, 형빈이는 메일을 한 통 받았어요. 무심코 메일을 읽어 내려가던 형빈이는 깜짝 놀랐답니다.

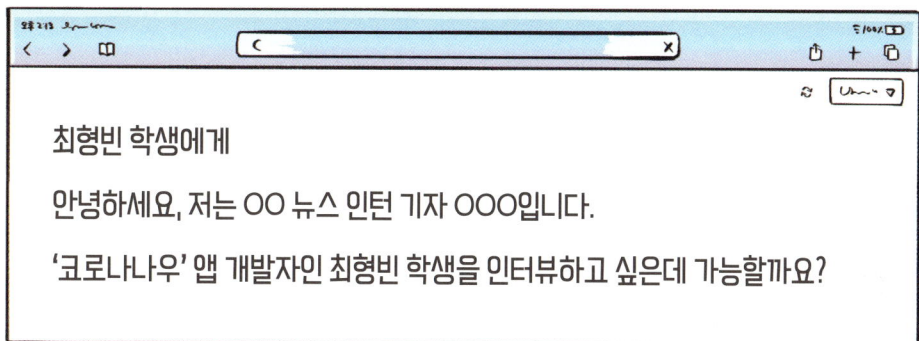

아직 한참 부족하게만 느껴지는 '코로나나우'에 대해서 취재한다니 형빈이는 당황스럽고 믿기지 않았어요. 하지만 '코로나나우'의 목표와 가치를 잘 소개할 수 있는 좋은 기회라는 생각이 들어 기쁜 마음으로 인터뷰에 응했고, 언론 보도가 되자 '코로나나우'는 대한민국 전체에 큰 화제를 일으켰답니다.

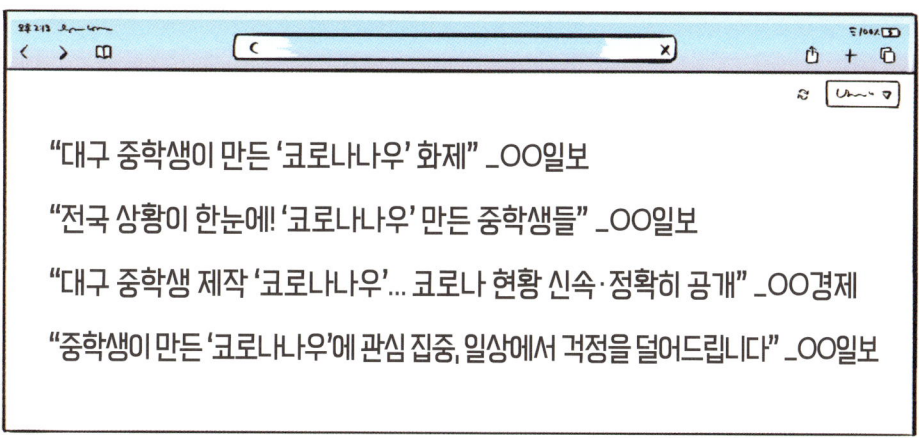

이를 시작으로 형빈이는 각종 매체의 러브콜을 받았어요. '코로나나

우'에 관한 기사들이 SNS에 공유되며 폭발적인 반응을 얻었고, 세상에 더 많이 알려지게 되었어요. 형빈이는 예상치 못한 상황에 얼떨떨했지만, 노력을 알아 주는 사람이 많아져 뿌듯했답니다.

'코로나나우'의 히든 히어로

기쁘고 보람된 일인 것은 분명했지만, 사실 '코로나나우'를 운영하는 것은 정말 어렵고 힘들었어요. 특히 앱이 유명해지고 이용자 수가 많아지면서, 너무 많은 접속자가 한꺼번에 몰리는 바람에 서버가 멈추거나 느려지곤 했어요. 게다가 많은 사람의 관심을 받다 보니 해외의 해커 집단으로부터 공격을 받기도 했지요.

하지만 위기의 순간마다 도와주시는 분들이 계셨어요.

"형빈아, 코로나19가 종료될 때까지 서버를 무상으로 지원해 줄 테니 걱정하지 말고 열심히 운영하렴."

"우아, 정말이요? 매번 서버가 마비될 때마다 도와주셔서 감사합니다!"

'코로나나우'가 사용하던 서버 호스팅 업체에서 형빈이에게 무상으로 서버를 지원할 뿐만 아니라 서버 마비 상황에도 복구를 위해 힘을 써 주셨어요. 이 밖에도 힘든 일이 생길 때마다 많은 분들의 응원을 떠올리며 형빈이는 기운을 얻을 수 있었어요.

"개발자님, 저랑 동갑인데 이렇게 멋진 일을 하시다니, 존경스러워요. 항상 응원합니다."

"아직 중학생인데도 불구하고 정말 뜻 깊은 생각과 아이디어를 실현했네요. 작게는 '코로나나우' 이용자, 넓게는 국민들 모두에게 큰 힘이 되는 어플인 것 같아요."

"현직 웹 개발자인 제가 봐도 부족함 없이 잘 만들었다고 칭찬해 주고 싶어요. 우리나라의 미래를 이끌어 갈 개발자 여러분을 진심으로 응원합니다."

무엇보다 형빈이의 곁에서 늘 함께해 준 친구들이 있었기 때문에 가능했어요.

"'코로나나우'는 절대 나 혼자 만든 게 아니야. 많은 분들이 우리의 가치에 공감해 주시고 응원해 주시는 만큼 내가 더 열심히 최선을 다해야지!"

형빈이의 책임감은 점점 더 커졌어요. 잠을 줄이며 작업을 했지만 지치지 않고 몰입했어요. 책임감은 형빈이를 힘들게 하는 존재가 아니라, 오히려 형빈이의 열정에 불을 붙이는 기름이 되었어요.

 '코로나나우'가 필요 없는 날을 꿈꾸며

시간이 흐르고 차츰 대한민국은 새로운 발걸음을 내딛기 시작했어요. 형빈이가 다니던 학교도 전면 등교가 재개되었지요. 이제 학교 수업과

'코로나나우' 관리를 병행할 시간이 부족해진 형빈이는 많은 부분을 자동화로 바꿔 가기 시작했어요. 질병관리청의 데이터를 자동으로 불러오도록 설정했고, 방과 후에는 오류를 수정했어요. 또한, 코로나19 현황을 수기로 집계해 주시는 자원봉사 팀인 '퓨처나우' 팀의 도움으로 코로나19 관련 플랫폼 최초로 코로나19 예측 서비스를 실시간으로 제공할 수 있게 되었어요.

 중학생 영웅들이 만든 '코로나나우'는 누적 페이지뷰가 2,000만 뷰 이상, 동시 최대 접속자가 약 3만 6,000명, 앱 설치자가 약 100만 명에 육

박했고, 구글 플레이스토어에서 선정한 '급상승한 건강 부분 앱 2위'로도 선정이 되었어요. 단 한 사람에게라도 꼭 필요한 정보를 드리고 싶다는 믿음으로 이용자 수와 상관없이 꾸준히 운영한 결과였지요.

덕분에 광고 수익금이 기대 이상으로 많았어요. 형빈이는 처음 앱을 개발할 때의 신념을 기억하고, 배너 광고로 창출한 수익금은 마스크를 구매하여 지자체에 기부도 하고, 1,000만 원 상당의 물품을 고생하시는 소방관들을 위해 기증하기도 했어요.

앱을 개발한 뒤 시간이 많이 흘렀지만, 지금도 많은 언론 기관에서 형

빈이에게 인터뷰 요청이나 다양한 제의를 하고 있어요. 여전히 형빈이는 언론의 관심이 어색하고 쑥스럽지만, '코로나나우'에 대해서만큼은 개발자로 자부심을 느끼고 당당하게 말할 수 있어요.

"많은 사람이 제가 엄청 뛰어난 개발자인 줄 알아요. 하지만 저는 컴퓨터 천재도 아니고, 개발을 잘하는 것도 아니에요. 그저 세상이 꼭 필요로 하는 플랫폼을 만들기 위해서 노력했을 뿐이에요."

'코로나나우' 개발자로서 형빈이의 최종 목표를 물어보면, 형빈이는 늘 이렇게 대답하곤 합니다.

"코로나19가 사라지고 이 앱이 더 이상 필요 없어져서, 하루빨리 '코로나나우'를 없애는 게 저의 최종 목표예요."

평생 '코로나나우' 개발자만으로 남고 싶지는 않다는 형빈이는, 곧 더 큰 무대에서 사람들에게 필요로 하는 또 다른 무언가를 만들어 세상을 변화시키는 사람이 되기를 꿈꾸고 있답니다.

형빈이가 '코로나나우'를 만들 수 있었던 핵심 비결은 무엇일까요? 형빈이는 컴퓨터 천재도 아니고, 개발 실력이 특출난 것도 아니었어요. 고도의 개발이나 코딩이 필요한 플랫폼은 아니었기에 중학생 수준의 컴퓨터 지식과 인터넷을 통해 찾은 정보만으로 충분히 개발할 수 있었어요.

오히려 '코로나나우'를 있게 해 준 것은, 가짜 뉴스로 불안에 떨고 있는 사람들에게 걱정 없는 하루를 만들어 주고 싶다는 따뜻한 마음과, 작은 아이디어를 현실로 만들겠노라는 끈질긴 노력이었지요.

  우리가 살고 있는 인류의 생활은 수많은 도구들로 더없이 편리해지고 발전하고 있어요. 사람들이 세상에 필요로 하는 것을 끊임없이 연구하고 발명해 온 덕분이랍니다. 발명이나 개발은 꼭 똑똑하거나 재능 많은 특별한 사람만 하는 것이 아니에요. 누구나 발명가가 될 수 있어요. 평소에 내 주변에서 '이런 것이 있다면 참 좋을 텐데…….' 하는 것이 있었는지 생각해 보세요. '이 문제가 왜 생겼을까? 어떻게 해결해야 할까?'라는 질문에서 발명은 시작된답니다. 형빈이처럼 말이죠. 나만의 방식으로 그 문제를 고민하고 해결하다 보면 여러분의 상상력과 창의력도 쑥쑥 자랄 거예요.

  여러분은 세상을 위해 무엇을 만들고 싶나요? 꼭 발명해 보고 싶은 것이 있나요? 마음껏 상상의 날개를 펼쳐 보세요. 나의 상상이 현실로 만들어져 세상을 변화시킬 수 있다면 정말 신날 거예요. 상상하는 대로! 꿈꾸는 대로!

생각이 쑥쑥 자라는 '메이커' 이야기

⭐ '메이커'가 뭐예요?

- 메이커(Maker)는 무언가를 만드는 사람을 뜻해요. 거창하지 않아도 내 주변의 작은 문제를 해결하거나 보다 나은 세상을 만들기 위해 필요한 것을 발명하는 사람을 모두 메이커라고 할 수 있어요.
- 새로운 것을 발명하는 일은 특별한 재능이 필요하지 않아요. 자신이 상상한 아이디어를 포기하지 않고 끈기 있게 노력한다면 누구나 가능하답니다.

⭐ 작은 아이디어로 세상을 바꾸는 메이커의 루틴

1. 문제 발견하기	2. 해결 방법 찾기	3. 행동하기	4. 퍼트리기
내 주변의 사소한 문제부터, 필요한 것이나 불편한 것이 무엇인지 생각해 보세요.	구체적인 해결 방법을 고민해 보세요. 나의 아이디어가 어떤 변화를 만들지 상상해 보세요.	직접 실천해 보세요. 도움을 받을 수 있는 사람이 있는지 적극적으로 알아보세요.	더 많은 사람이 동참한다면 세상은 어떻게 변할까요? 많은 사람에게 홍보하고 퍼트리세요.

⭐ 메이커의 창의성을 키우는 3가지 Action Plan!

1 관찰하기 내 주변을 관찰하며 사람들이 필요로 하는 것을 찾아보세요.

2 질문하기 엉뚱해도 괜찮아요. 호기심이 생기거나 궁금증이 생길 때마다 '왜 그럴까?'라는 질문을 해 보세요. "왜?"라는 질문은 새로운 아이디어를 찾아내는 마법의 열쇠랍니다.

3 독서하기 책을 많이 읽으면서 상상력을 키우세요. 독서는 내가 직접 가 보지 못한 세상을 간접 경험할 수 있고, 가장 훌륭한 스승을 간접적으로 만날 수 있는 가장 좋은 방법이니까요.

발명은 특별한 재능을 가진 사람만 하는 게 아니에요!

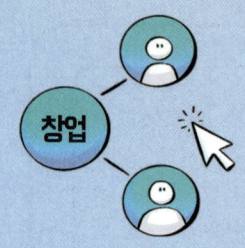

친구들을 위해 회사를 만들다

청소년 크리에이터를 위해 회사를 설립한
청소년 창업가, 이제우

처음엔 특별한 꿈이 없을지라도
기업가 정신을 가지고
끊임없이 도전하다 보면
언젠가 원하는 일을 하게 될 거예요.
의미 없는 도전은 없으니까요.

 **나는 크리에이터가 될 거야!**

"제우야, 저녁 먹어야지. 어서 나오렴."
"엄마, 잠깐만요. 이것만 하고요."
"또 컴퓨터 하는 거야? 지겹지도 않니?"
"지겹긴요, 얼마나 재미있는데요! 여기까지만 연습하고 금방 나갈게요."

제우는 초등학교 저학년 때부터 컴퓨터에 관심이 많았어요. 5학년이 되고서는 혼자 독학으로 프로그래밍을 공부하기 시작했지요.

그러다 우연히 1인 미디어 방송인 '아프리카TV'를 알게 되었어요. 일반 방송과 다르게 누구든 BJ가 되어 방송을 진행하고 참여자와 소통할 수 있는 점이 무척 흥미로웠어요. 특히 자신이 좋아하는 마인크래프트 게임 방송을 하는 몇몇 BJ에게 푹 빠져서 게임 방송을 즐겨 봤어요. 게임 방송을 보고 있으면, 꼭 BJ와 함께 게임을 하는 것처럼 몰입도 되고, 대리 만족도 느끼니 스트레스가 풀렸어요.

오늘도 어김없이 학교를 다녀온 후 침대에 누워 게임 방송을 보면서 키득키득 웃고 있던 제우는 문득 이런 생각이 들었어요.

'흠, 나도 이런 거 한번 해 보면 어떨까? 내가 좋아하는 게임을 하면서 나처럼 마인크래프트를 좋아하는 친구들과 소통도 하고, 대리 만족할 수 있는 재미있는 게임 방송을 하고 싶다!'

제우는 하고 싶은 일이 생기면 잘하든 못하든 일단 시도해 보는 성격이에요. 게임 방송 역시 1인 크리에이터가 되어야겠다는 거창한 마음보다는, 그저 재미있어 보이니 한번 경험해 보고 싶었어요.

"엄마! 저 아프리카TV에서 마인크래프트 게임 방송을 진행해 보고 싶어요. 제가 관심 있는 컴퓨터 쪽이기도 하고, 무엇보다 재미있고 새로운 경험을 해 보고 싶어서요. 괜찮을까요?"

"흠, 인터넷 방송이면 게임 방송만 진행하는 것이 아니라, 영상 편집도 해야 되고, 할 일이 생각보다 많아서 쉽지 않을 텐데……. 할 수 있겠니?"

"네, 할 수 있어요! 영상 편집하는 건 독학하면 되고, 일단 도전해 보고 싶어요."

지금은 유튜브가 대중화된 덕분에 1인 미디어 방송이나 인터넷 방송을 쉽게 접할 수 있고 1인 크리에이터들도 많아졌지만, 당시만 해도 아주 생소한 분야였어요. 그래서 엄마는 다소 걱정도 되었지만, 제우가 평소에 이 분야에 호기심이 많은 걸 알고 계셨어요. 혼자 게임 방송 보는 것에 빠져 있느니 차라리 직접 게임 방송을 진행하면서 새로운 경험을 쌓는 것이 낫겠다고 판단하고 허락해 주셨답니다.

드디어 제우의 첫 방송날이 되었어요. 긴장도 되고 떨리기도 했지만 담대하게 첫 멘트로 방송을 시작했어요.

"안녕하세요. 신입 마인크래프트 BJ 제우입니다! 그럼 오늘의 탈출맵 방송 시작하겠습니다."

보는 것은 재미있고 쉬워 보였는데, 막상 방송을 진행하고 보니 생각보다 어려웠어요. 하지만 며칠 경험을 해 보니 방송에 필요한 몇 가지 조건이 제우의 눈에 보이기 시작했지요.

게임 방송을 진행하려면 게임을 아주 잘하거나, 말을 아주 잘하거나, 시청자들과 소통하는 공감 능력이 뛰어나야 해요. 생방송이므로 예기지 못한 당황스러운 상황이 생겼을 때 순발력 있게 잘 대처할 줄도 알아야 해요. 방송만 잘하면 되는 것이 아니라, 영상과 자막도 센스 있게 편집해야 해요. 또한, 끈기를 갖고 성실하게 방송해야 내 방송을 꾸준히 봐 줄 구독자들이 생긴답니다.

신입 마인크래프트 BJ 제우의 방송을 봐 주는 사람은 당연히 처음엔 얼마 되지 않았어요. 하지만 소수라도 시청자들과 소통하면서 게임 방송을 하니 제우는 신이 났어요.

"여러분, 안녕하세요! 오늘은 제가 가장 긴 마검 탈출맵을 해 보려고 해요. 짜잔, 어때요? 이런 거 해 보셨어요?"

-ㄹㅇ 꿀잼이네

-제우님, 탈출맵 진짜 재미있어요. 많이 해 주세요.

-'더드로퍼'도 해 주세요!

방송을 보는 시청자들이 댓글을 남겨 주고, 같이 웃어 주고, 공감해 줄 때는 괜스레 기분이 좋았어요. 재미가 있으니 저절로 성실하게 노력하게 되었고, 오랫동안 방송을 할 수 있었답니다.

 청소년 크리에이터의 소통 플랫폼 '쿠즈'

5학년 때 시작한 제우의 게임 방송은 중학교 1학년까지 계속되었어요. 그리고 차츰 유튜브가 사람들에게 주목받기 시작하면서, 유튜브 방송을 보는 사람들이 많아졌어요. 연예인이나 전문 방송인이 아닌 일반인들도 쉽게 방송을 하는 시대가 열렸고, 청소년들 사이에서도 유튜버, 크리에이터를 꿈꾸는 친구들이 늘어났어요.

중학생이 된 제우는 이미 3년차 크리에이터로 친구들 사이에 소문이 난 상태였지요. 그러자 학교 친구들은 너도나도 제우에게 조언을 구하기 시작했어요.

"제우야, 나도 너처럼 크리에이터 하고 싶어."

"제우야, 어떻게 시작하는 거야? 가르쳐 줄 수 있어?"

질문을 듣다 보니, 제우 입장에서는 생각보다 쉬운 부분인데도 첫 도전이라 어려워하는 친구들이 많았어요. 제우는 좋은 아이디어가 떠올랐어요.

'크리에이터에 관심 있는 친구들이 이렇게 많구나. 이 친구들에게 여러 가지 정보를 공유하면서 서로 도와주고 소통할 수 있는 청소년 크리에이터 커뮤니티를 만들어 보면 어떨까?'

제우는 친구들의 질문에 일일이 답변해 주기보다는 청소년 크리에이터들끼리 소통할 커뮤니티를 만들기로 결심하고, 고민 끝에 '쿠즈'라는 이름의 네이버 밴드를 만들었어요. 쿠즈(K.U.Z.E.)는 한국의 여러 콘텐츠들을 압축하여 좋은 시너지를 낸다는 뜻을 담고 있어요.

쿠즈 밴드를 만든 제우는 친구들에게 홍보를 하며 커뮤니티 회원을 모집하기 시작했어요. 크리에이터를 꿈꾸는 청소년들 사이에서 입소문이 나기 시작하면서 회원들이 점차 늘기 시작했고, 밴드에는 주로 크리에이터 활동에 대한 질문들이 많이 올라왔어요. 제우는 자신의 경험들을 토대로 성실하고 꼼꼼히 답변을 작성했어요.

Q 크리에이터는 어떻게 수익을 내나요?

A 수익 창출은 플랫폼 내 광고 수익, PPL 수익, IP 수익 등 다양한 수익이 있어요.

Q 영상 편집 프로그램은 어떤 게 가장 좋나요?
A 스마트폰으로 하신다면 VLLO 어플을 사용해 보면 어떨까요?
컴퓨터로 하신다면 프리미어 프로가 좋아요.

경험 많은 제우가 또래 크리에이터들이 궁금해 하는 것들을 구체적이고 현실적으로 대답해 준 덕분에 회원들은 많은 도움을 얻을 수 있었고, 쿠즈 밴드는 점점 사랑을 받게 되었어요.

- 크리에이터 할까 말까 망설였는데 쿠즈 밴드에서 글 읽다 보니 용기가 생겨서 일단 도전해 보기로 했어요!
- 제우님 덕분에 저 구독자 100명이 넘었어요! 고마워요!

쿠즈 밴드도 점차 입소문을 타서 곧 300명이 넘는 밴드 회원이 생겼답니다. 제우는 커뮤니티를 운영하면서 같은 꿈을 꾸는 많은 친구들을 사귀게 되어 무척 기뻤어요.

처음에는 질문에 대한 답변도 제우 혼자 올리곤 했는데, 인원이 늘어나니 회원들끼리도 서로서로 자신이 아는 것을 공유하며 답변을 해 주기 시작했지요. 그런 모습을 볼 때면 제우는 커뮤니티를 만든 보람이 느껴져 뿌듯했어요.

그러던 어느 날, 제우에게 메일이 한 통 도착했어요.

쿠즈 밴드가 점점 유명해지니 광고를 하고 싶다는 제안이 온 거예요. 게임 광고, 화장품 광고 등 분야도 다양했지요.

'우리 커뮤니티에서 광고를 하고 싶다고? 대박!'

말로만 듣던 광고 협업 제의가 들어오자 제우는 깜짝 놀랐어요. 그렇게 커뮤니티 광고 협업을 통해 처음으로 광고 수익을 창출하게 되었어요. 커뮤니티에 애플리케이션을 홍보해 준 뒤, 소정의 금액을 받은 거예요. 학생 신분으로 부모님께 용돈만 받던 제우가 스스로 번 첫 수익이 입금되자, 부모님도 깜짝 놀라셨어요.

"매일 컴퓨터 앞에서 게임만 하는 줄 알았더니, 이렇게 돈도 벌 수 있구나! 정말 신기하고 기특하다, 아들."

무엇보다 가장 신기하고 기뻤던 사람은 역시 제우 본인이었어요. 처음엔 그저 또래 청소년 크리에이터들과 소통하고 도움을 주고자 만든 커뮤니티였는데 예상치 못한 수익이 발생했으니까요. 성인도 되지 않은 중학생인데 돈을 벌 수 있다는 사실이 믿기지 않았어요.

 **청소년도 창업할 수 있어!**

쿠즈 회원이 점점 더 늘어나고, 광고로 인한 수익이 제법 생길 무렵이었어요. 제우는 CJ E&M에서 '크리에이터그룹'이라는 MCN을 설립한다는 소식을 접하게 되었어요.

MCN(다중 채널 네트워크)이란 1인 콘텐츠 크리에이터의 소속사를 말해요. 사업 연결, 굿즈 기획, 저작권 관리 등 1인 크리에이터 혼자서는 시간이나 비용의 낭비가 심해 운영하기 어려운 업무들을 대신 해 주거나 도와주는 대행사의 일종이에요. 연예계로 따지자면 SM, YG, JYP와 같은 연예 기획 소속사나 에이전시의 개념과도 비슷하답니다.

MCN이라는 사업 구조에 대해 알게 되자 제우의 가슴이 두근거렸어요. 단순히 흥미로 시작한 크리에이터 활동으로 인해 제우의 꿈이 조금씩 확장되기 시작했거든요.

'내가 운영하는 쿠즈 커뮤니티도 여기서 멈추지 말고 조금 더 확장시켜 보자. 그래서 1인 청소년 크리에이터들을 지원하고 돕는 10대 전문 MCN 소속사를 만들어 보는 거야!'

중학교 3학년이 된 제우는 16세의 어린 나이로 MCN 사업에 도전하게 되었어요. 이제는 단순히 소통의 공간인 커뮤니티가 아니라, 자신과 소속사에서 함께할 청소년 크리에이터를 모집해서 채널 아트·프로필 사진 촬영, 수익 창출, 스튜디오 지원, 법률 지원, 세무 관리 지원, 콜라보레이션 지원 등을 제공하는 소속사를 만들기로 결심한 거예요.

마침 고등학교 진학을 앞두고 있던 제우는 창업에 관심을 갖고 우리나라에서 유명한 특성화고등학교인 '한국디지털미디어고등학교 e-비즈니스과'에 진학하게 되었어요.

고등학교 입학 후부터는 본격적으로 기업가 정신과 경영에 대해 배울 수 있는 좋은 기회들을 만나게 되었어요. 특히 중소벤처기업부와 창업진흥원이 운영하는 '청소년 비즈쿨' 사업에 참여하게 된 것은 제우에게 큰 행운이었어요.

청소년 비즈쿨(Bizcool) 사업은 청소년 창업과 기업가 정신을 위한 교육 지원 프로그램이에요. 창업에 관한 다양한 개념과 실전을 경험할 수 있어요. 하지만 일부 어른들은 이렇게 말해요.

"청소년이 공부나 열심히 하면 되지, 벌써부터 무슨 창업 교육을 받아? 그 나이에 무슨 사업을 하고, 무슨 돈을 벌 수 있겠어?"

하지만 제우는 단순히 돈을 벌기 위한 관점으로 창업 교육을 받는 것이 아니었어요. 자신의 관심사를 발견하고, 창의적인 아이디어로 문제를 해결해 나가는 과정이 제우는 즐거웠고 보람되었거든요. '쿠즈'를 창업 동아리로 만들어서 친구들과 함께 어떻게 하면 더욱 좋은 콘텐츠를 생산하고, 크리에이터를 지원할지 고민하고, 참신한 아이디어를 수집했어요. 청소년 비즈쿨에서 제공하는 청소년 창업 동아리 지원, 창업 관련 교육 지원 덕분에 제우는 기업가 정신을 배우면서 한 걸음 더 성장할 수 있었답니다.

 이런 제우의 창업 동아리 활동들이 고등학교 1학년 때 언론에 소개되면서 여러 기업들과의 협업 기회도 찾아왔어요. 아프리카TV에서 게임 방송을 하던 제우는 아프리카TV 공식 방송에 출연하기도 하고, 경제 크리에이터를 양성하는 기회도 주어졌어요. 나아가 기업들의 마케팅 대행, 크리에이터 교육 관련 분야까지 진출하게 되면서 안정적인 매출이 생기기 시작했답니다.

 '와! 고등학생인데도 매출이 이렇게 많이 나올 수 있구나. 좋아, 그렇다면 나도 이제 본격적으로 내 사업을 시작해야지!'

 제우는 고등학교에서 만난 팀원들과 함께 본격적으로 주식회사 설립 준비를 했어요.

 아직 미성년자라서 부모님의 동의서나 인감증명서 등 여러 서류가 필요했어요. 때론 주변 어른들의 도움을 받기도 하고, 여러 기관을 방문하며 필요한 정보를 얻고 차근차근 서류를 채워 갔어요. 그리고 마침내, 18세 제우는 주식회사 ㈜쿠즈를 설립하게 되었답니다!

 제우의 도전은 여기서 끝나지 않았어요. 창출된 수익을 평범하게 쓰는 것이 아니라 사회에 공헌하는 일을 하고 싶었거든요. 이왕이면 자신과 비슷한 또래 청소년과 청년이 필요로 하는 것을 제공해 주고자 하는 마음이 있었지요.

 '직접 창업을 해 보니 청소년 창업을 위한 교류 플랫폼은 현저히 부족

한 것 같아. 청소년과 청년이 원하는 다양한 분야의 온라인 진로 커뮤니티를 구축해 보면 어떨까?'

제우는 자신이 가장 잘할 수 있고 재미있게 할 수 있는 분야인 커뮤니티 구축으로 마음을 정했어요. 그리하여 진로 분야별로 커뮤니티를 운영하고, 구성원이 필요로 하는 지원에 귀를 기울이고, 여러 기업 및 기관과 연결하여 지원하는 역할을 할 수 있는 비영리 단체를 만들기로 결심했어요. 그 결과, 당시 고등학교 3학년이었던 제우는 청소년·청년 활동 문화 확산 단체 '커넥션'을 설립하며 10대의 마지막을 장식했답니다.

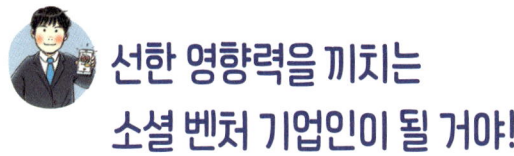 선한 영향력을 끼치는 소셜 벤처 기업인이 될 거야!

청소년이 주식회사를 창업해서 운영한다는 것은 무척 근사하게 보이지만, 결코 쉬운 일이 아니었어요. 아무래도 학업과 병행하다 보니 시간도 부족하고 늘 피곤했어요. 어린 나이라는 이유로 협력 업체 어른들에게 무시를 당하기도 했어요. 하지만 그럴 때일수록 제우는 주눅 들지 않았어요. 스스로 기업가 마인드를 가지며, 협업 관련 메일을 작성하는 것

부터 업무 공유 시스템까지 꼼꼼히 챙기며 자기계발을 했어요. 슬럼프를 겪거나 어려운 문제가 생길 때면 혼자 속으로 끙끙 앓기보다는 주변에 있는 다양한 분야의 멘토들에게 조언을 구하고 응원을 받아 극복할 수 있었답니다.

청소년 CEO로 시작한 제우는 이제 대학생 CEO가 되었어요. 청소년과 청년의 목소리를 효과적으로 알리는 인터넷 신문 〈청년나우〉를 발간하고 있고, 산하 정책 연구소에서 청소년과 청년을 위한 정책을 연구하고 제안하기도 하지요. 많은 것을 이룬 것처럼 보이지만 여전히 제우는 하고 싶은 일이 아주 많이 있어요. 클라우드형 MCN 플랫폼 설립, 청소년과 청년을 위한 단체 설립, 노인 복지를 위한 실험소 설립 등……. '세상에 선한 영향력을 끼치는 소셜 벤처 기업인'을 꿈꾸고 있는 제우의 새로운 도전은 앞으로도 계속 현재 진행형이랍니다.

초등학교 5학년이라는 어린 나이에 막연한 관심과 가벼운 흥미로 도전한 크리에이터 활동을 시작으로, 청소년 크리에이터들에게 도움이 되고자 만든 커뮤니티와 MCN 운영을 거쳐 주식회사 창업까지. 평범한 소년 제우가 청소년 CEO가 될 수 있었던 가장 큰 이유는 무엇일까요?

제우는 '기업가 정신'을 가지고 자신의 삶을 주도적으로 이끌어 나가며,

도전을 쉬지 않았고, 더 나은 세상을 만드는 선한 영향력을 발휘했어요. 기업가 정신은 큰 회사의 CEO들이나 어른들에게만 필요한 것이 아니랍니다. 자신에게 닥친 문제나 어려움을 피하기보다는 스스로 해결해 나가려는 능력이나 마음가짐도 바로 기업가 정신이라고 할 수 있지요.

보다 나은 세상을 만드는 사람이 되기 위해 흥미 있는 일에 관심을 가져 보세요. 그 분야에는 어떤 불편한 점이 있는지 찾아보세요. 문제를 해결하기 위해 내가 직접 실천할 수 있는 아이디어가 무엇일지 고민해 보고, 실제로 한번 시도해 보세요. 그런 작은 성취감과 성공 경험들이 쌓이면 언젠가 여러분이 꿈꾸는 모습으로 성장할 수 있을 거예요. 그로 인해 수익도 창출하고, 그 수익으로 사회 공헌도 하고, 나아가 더 나은 세상을 만들 수 있다면, 그야말로 1석 3조가 아닐까요? 제우처럼 말이에요.

지금은 이름만 들어도 누구나 아는 대기업들도 처음에는 모두 작은 스타트업으로 시작했답니다. 이제는 세상을 변화시킬 좋은 아이디어만 있다면 남녀노소 상관없이 창업에 도전할 수 있는, 그야말로 '창업 전성시대'랍니다. 자신만의 사업을 시작하기에 너무 어린 나이란 없어요. 세상에 도움이 되는 멋진 아이디어가 있다면 과감히 도전해 보세요. 여러분의 작은 도전이 세상을 변화시키는 선한 영향력이 될 수 있답니다.

생각이 쑥쑥 자라는 '기업가 정신' 이야기

⭐ '기업가 정신'이 뭐예요?

'기업가'라는 말 때문에 '기업가 정신=창업'이라고 생각하기 쉬워요. 하지만 기업가 정신은 단순한 경제나 창업 활동만 의미하는 건 아니에요.

> **● 기업가 정신(Entrepreneurship)이란?**
> 실패를 두려워하지 않는 혁신적이고 창의적인 사고를 바탕으로, 빠르게 변화하는 사회에 능동적으로 대응하여 새로운 가치를 창출하려는 태도나 행동 양식을 말해요.
> (출처: 온라인 창업 체험 교육 플랫폼 YEEP https://yeep.go.kr)

⭐ 기업가 정신이 왜 필요할까요?

- 기업가 정신을 가진 사람은 스스로 생각하고 행동하며 타인과 함께 협업하는 과정을 통해 새로운 가치를 창출합니다.
- 다양한 기회를 모색하고, 자신의 인생을 주도하며, 미래를 준비하는 능력을 키울 수 있어요.
- 실패를 두려워하지 않고 도전하며 주도적, 창의적, 비판적 사고를 실천하는 것이 기업가 정신의 핵심이랍니다.

| 자기 주도적 사고 | 창의적 사고 | 비판적 사고 | 협업 |

⭐ 기업가 정신을 배우며 내 인생의 CEO가 되어 보세요!

- 최근 기업가 정신과 관련된 교육이 학교 진로 교육 안에서 시도되고 있어요. 또한 중소벤처기업부, 창업진흥원, 청소년 기관 등 다양한 곳에서 청소년을 위한 기업가 및 창업 교육을 온·오프라인으로 운영하고 있답니다.
- 다양한 활동을 경험하며 내가 좋아하고 잘할 수 있는 것을 발견하고, 자신의 진로를 주도적으로 설계해 나가는 내 인생의 CEO가 될 수 있을 거예요.

• **관련 사이트**

 창업진흥원 창업에듀 https://www.k-startup.go.kr
기업가 정신, 창업 기본, 창업 준비 등 창업의 전 과정을 온라인으로 제공하는 창업 교육 플랫폼이에요.

 온라인 창업 체험 교육 플랫폼 YEEP https://yeep.go.kr
창업가 정신과 창의적 진로 개발 역량을 함양할 수 있도록 다양한 프로그램을 제공하는 온라인 창업 체험 교육 플랫폼이에요.

한 사람, 한 사람이 일으킨
작은 변화가 언젠가는 여러분의 주변을
긍정적으로 변화시키고,
나아가서는 세상을 따스하게
바꿀 힘이 될 거예요.

 **내게 누군가를 도울 힘이 있을까?**

"슬비야, 우리 숙제 같이 할래?"

"어? 아니, 나는 그냥 혼자가 편해서……."

"그럼 슬비야, 학교 끝나고 같이 놀자!"

"아, 아냐. 난 집에 가 볼게. 미안해."

초등학교 4학년 슬비는 부끄러움이 많고 내성적인 성격 탓에 친구를 사귀기가 어려웠어요. 형제도 없는 외동딸 슬비를 안타깝게 지켜보시던 부모님은 슬비에게 한 가지 제안을 했어요.

"슬비야, 우리 가족과 함께 의미 있는 시간을 보내고, 다른 사람들도 도와주는 가족 봉사단 활동을 해 보면 어떨까?"

"가족 봉사단이요? 저는 낯선 사람들 만나는 거 쑥스러운데……."

"아빠랑 엄마가 같이 있으니까 걱정할 필요 없어. 봉사 활동을 하면서

우리가 살고 있는 지역에 나눔을 실천하면 보람도 느끼고 사회성도 기를 수 있을 거야."

슬비는 조금 망설여졌지만 부모님을 믿고 봉사단 활동을 시작하기로 했어요. 슬비네 가족이 가입한 곳은 지역의 건강가정지원센터에서 운영하는 '무지개 가족 봉사단'이에요.

봉사 활동 준비를 위한 첫 오리엔테이션 시간, 슬비네 가족 외에도 여러 가족들이 강의실에 모였어요. 환한 미소의 자원봉사단 선생님이 앞으로 하게 될 활동에 관해 소개해 주었어요.

"가족 봉사 활동을 위해 이곳까지 와 주신 가족 여러분, 감사합니다. 가족과 함께 나눔을 실천하고 지속적인 봉사 활동을 통해 좋은 인연을 맺었으면 좋겠어요. 여러분의 작은 손길이 우리 지역을 보다 살기 좋은 곳, 함께 살아가는 따뜻한 세상으로 만들 수 있게 되기를 기대합니다."

자원봉사 교육을 시작으로 한 달에 한 번, 지역의 환경·시설 보존 활동, 사랑의 연탄 나눔 봉사, 독거노인 반찬 봉사 등 다양한 봉사 활동을 한다고 해요. 슬비는 이야기를 들으면서 가슴이 두근거렸어요.

'나처럼 어리고 수줍음 많은 애가 누군가에게 도움을 줄 수 있을까?'

걱정과 긴장되는 마음도 물론 있었지만, 한편으로는 기대가 되기도 했지요.

가족 자원봉사단의 첫 활동은 '우리 동네 환경 정화를 위한 쓰레기 줍기'였어요. 특히 강변에는 버려진 담배꽁초가 아주 많았어요. 슬비는 버려진 담배꽁초를 집게로 열심히 주워 쓰레기 봉투에 담았어요. 마침 강변에서 담배를 피우고 있던 아저씨 두 분이 무심코 담배꽁초를 버리려고 하다가 쓰레기를 줍고 있는 슬비와 눈이 마주쳤어요.

아저씨는 멋쩍어하며 "어린 학생이 수고가 많네."라고 말하고 도망치듯 자리를 떠났어요. 슬비 덕분에 아저씨가 담배꽁초를 함부로 버리지 않게 된 거예요.

매주 쓰레기가 버려지는 공간에 화분을 가져다 놓는 활동도 있었어요. 가족 봉사단 가족들이 돌아가면서 화분에 물을 주고 그곳을 아름답게 가꾸었더니 더 이상 사람들은 쓰레기를 버리지 않았어요. 슬비는 자신의 작은 봉사 활동이 우리 지역을 깨끗하게 만드는 데 조금이라도 도움이 된다는 사실에 뿌듯함을 느꼈어요.

한번은 독거노인을 위한 반찬 배달 봉사를 하게 되었어요.

"할아버지, 반찬 맛있게 드시고 늘 건강하세요."

"너무 고맙다. 마음이 참 따뜻한 아이구나."

할아버지께서는 반찬을 건네는 슬비에게 고맙다고 연신 인사를 하셨어요.

'난 그저 반찬을 배달해 드린 것뿐인데 이렇게나 고마워하시다니…….'

슬비는 쑥스럽기도 하고 기분이 좋아 웃음을 참으려고 애써도 피식 웃음이 났어요. 이런 경험을 통해 슬비의 내성적인 성격도 조금씩 변하기 시작했어요. 함께 봉사 활동을 하는 또래 친구들이나 선생님께 먼저 말을 걸기도 하고, 부모님보다 더 적극적으로 봉사 활동에 참여했어요. 그렇게 슬비는 봉사의 기쁨을 조금씩 알아가게 되었답니다.

 ## 장난꾸러기 동생들이 생기다

슬비는 형제도 자매도 없는 외동딸이에요. 그런 슬비에게 어느 날 동생이 생겼답니다. 그것도 세 명이나 말이에요! 대체 동생들이 갑자기 어디서 나타난 걸까요?

슬비가 매달 가족 봉사단 정기 회의에 참석하러 갈 때마다 건물에 눈에 띄는 장소가 있었어요. '다문화가족지원센터'라는 곳이에요. 슬비는 봉사단 선생님께 물었어요.

"선생님, 같은 건물에 있는 다문화가족지원센터는 뭐하는 곳이에요?"

"우리 주변에는 생각보다 많은 다문화 가정들이 있단다. 고국을 떠나 말도 잘 안 통하는 낯선 한국에서 가정을 이루며 살아가는 데 크고 작은 어려움이 있겠지? 다문화가족지원센터는 다문화 가족이 안정적으로 한국에 정착할 수 있도록 지원하는 곳이야."

슬비는 선생님을 통해 지역 내 다문화 가정이 겪고 있는 어려움에 대해 듣게 되었어요. 특히 외국에서 온 엄마들은 한국 생활 적응에 애를 먹고 있고, 한국인과 외국인 사이에서 태어난 아이들은 한국 학교에 적응하지 못해 고통 받고 있다는 사실을 알게 되었죠. 다문화 가정의 어려운 사정을 접하게 된 슬비는 그들을 위해 작은 도움이라도 주고 싶었어요.

'내가 다문화 가정을 위해 할 수 있는 일이 있을까? 내 꿈이 선생님이니까 다문화 가정의 아이들에게 한글이나 수학 같은 공부를 가르쳐 주면 좋겠다. 나 혼자서만 하는 게 아니라 우리 가족 전체가 아예 또 다른 다문화 가족과 연계되어 멘토링을 하는 건 어떨까?'

슬비의 아이디어를 자원봉사단 선생님께 말씀드렸더니 흔쾌히 다문화 가족과 매칭을 할 수 있도록 도와주셨어요. 그렇게 슬비네 가족은 봉사단 최초로 다문화 가족 멘토링 봉사를 시작하게 되었답니다. 부모님은 다문화 엄마에게 필요한 도움을 주고, 슬비는 다문화 가정의 미취학 아동에게 도움을 주기로 했어요.

두근두근, 아이들과 처음 만나는 날! 슬비는 한글과 수학 공부를 돕게

된 세 명의 아이들과 인사를 나누었어요.

"안녕? 너희가 가온, 다온, 라온이구나. 반가워요. 앞으로 선생님과 잘 지내 봐요."

슬비는 부끄러운 마음과 설레는 마음으로 6세, 4세, 3세인 세 명의 아이를 만났어요. 컴컴한 방에서 텔레비전만 보며 자라던 아이들은 새로 온 슬비 선생님 앞에서 수줍은 듯 눈을 제대로 마주치지 못했어요. 아이들과 친해지기 위해 슬비는 자발적으로 일주일에 2~3회씩 방문하며 시간을 보냈어요. 함께 놀이터에서 놀기도 하고, 장난도 치면서 조금씩 마음의 거리를 좁혀 갔어요. 차츰 아이들도 슬비에게 마음을 열기 시작했어요.

관계가 형성된 뒤, 본격적으로 아이들의 공부를 봐 주기 시작했어요. 다른 동생들은 물론 가장 나이가 많은 6세 가온이조차 한글의 자음과 모음을 모르는 상태였어요. 슬비는 가온이를 위해 자음과 모음이 있는 커다란 한글 글씨 판을 들고 가서 수업을 했어요.

"선생님 따라서 한번 읽어 볼까? 기역, 니은, 디귿······."

"기역, 니은, 디귿······."

"와! 가온이 잘 따라 하는구나. 이번에는 똑같이 써 볼래?"

수학 역시 차근차근 기초부터 시작했어요.

"이번에는 숫자 놀이를 해 보자. 1부터 천천히 읽어 볼까? 일, 이, 삼, 사······. 잘했어. 사 다음에는 뭐라고 읽을까?"

"오!"

"딩동댕! 우리 가온이 이제 숫자도 잘 아네."

슬비는 자신의 용돈을 털어 아이들의 교재를 사고, 공부의 재미를 느낄 수 있도록 스티커나 선물도 준비했어요. 숙제를 해 오면 스티커를 붙여 주고, 스티커를 많이 모으면 선물을 받을 수 있게 한 거예요. 동기 부여가 되자 아이들은 즐겁게 숙제를 하곤 했답니다.

공부뿐만이 아니에요. 슬비는 아이들과 함께 키즈카페도 가고 영화관도 가고 연극도 보러 가고 다문화 축제도 갔어요. 슬비의 멘토링 덕분에 아이들이 밝아지고 가온이네 집안 분위기도 바뀌었어요. 그렇게 맺은 인연은 3년 넘도록 이어졌고, 슬비가 꾸준히 멘토링을 한 결과 한글을 전혀 모르던 아이들이 이제는 글을 읽고 쓸 줄 알게 되었고, 두 자릿수의 덧셈, 뺄셈은 물론 구구단까지 외우게 되었어요.

 ## 함께 봉사하는 기쁨

그렇게 꾸준히 다문화 가족 멘토링을 하던 슬비네 가족에게 반가운 소식이 들려왔어요. 슬비네 가족의 멘토링 활동이 가족 봉사 활동의 모범 사례가 되어서, 지역에서 공식적으로 '다문화 가족 서포터즈'를 만들었다는 거예요. 이제는 슬비네 말고도 더 많은 가족이 다문화 가족 멘토링에 함께 참여할 수 있게 되었지요.

'내가 시작한 작은 봉사가 주변을 긍정적으로 변화시킬 수 있구나!'

슬비는 나의 작은 움직임이 세상을 움직일 수 있고, 그로 인해 세상이 더욱더 아름답고 따뜻해질 수 있음을 깨달았어요. 가슴이 벅차고 뜨거워지는 놀라운 경험이었지요.

봉사를 통한 즐거움과 보람을 알게 된 슬비는 중학생이 되자 '세계 청소년 자원봉사 대회'에 나가기 위해 친구들을 모아 봉사 동아리를 직접 만들기로 했어요.

"우리 동아리 이름은 뭘로 할까?"

"음……. 아! 좋은 생각이 있어. 학교 체육대회 때 이어달리기 했던 거 기억나지? 주자들이 서로 배턴 터치를 하며 함께 달리잖아. 그것처럼 우리도 앞으로 봉사 활동을 계속 이어 나가자는 의미로 동아리 이름은 '이어달리기' 어때?"

"오, 굿 아이디어!"

슬비는 다문화 멘토링 활동을 병행하면서 친구들과 만든 봉사 동아리 '이어달리기' 활동을 통해 어르신들을 위한 한글 수업, 지역 문화재 지킴이 활동 등 좀 더 다양한 분야로 봉사의 영역을 확장시켜 갔어요. 만약 혼자였다면 금세 지쳤을 거예요. 하지만 배턴을 받아 계속 이어달리기를 해 줄 친구들이 있어 오래도록 지속할 수 있었지요.

11세, 초등학교 4학년이라는 어린 나이에 봉사 활동을 시작한 슬비는 고등학교 3학년이 된 지금도 봉사를 일상처럼 꾸준히 하고 있어요. 가온이네 가족과 지금까지 벌써 8년째 멘토링을 이어 오고 있다니 정말 대단하죠? 미취학 아동이었던 가온이와 동생들도 모두 의젓한 초등학생이 되었어요. 아이들뿐만이 아니에요. 슬비의 몸과 마음도 아이들과 함께 훌쩍 자라났답니다.

슬비의 멘토링이 겉으로 보기엔 쉽게 느껴질지도 몰라요. 그냥 어린 아이들과 재미있게 시간을 보내면 되는 거 아니냐고 물을지도 모르죠. 하지만 한 가족과 지속적으로 몇 년째 멘토링 봉사 활동을 하는 것은 결코 쉬운 일이 아니에요.

특히, 하루 종일 텔레비전만 보던 아이들을 책상에 앉게 하는 것은 생각보다 훨씬 어려웠어요. 아이들이 공부하기 싫어하거나 집중력이 떨어져 주위가 산만해질 때는 여러 가지 교구들을 이용해 놀이를 하며 흥미를 이끌어야 했어요. 공부하기 싫다며 놀자고 떼를 쓸 때면 용돈을 털어 소풍을 가고 분위기를 전환시켜야 했지요.

남매가 세 명이다 보니 아이들이 커 가면서 슬비 혼자서 아이들을 다 감당하기도 힘들었어요. 동생들이 서로 싸워서 동시에 울고불고할 때는 어떻게 해야 할지 막막해서 부모님이나 봉사 동아리 친구들에게 도움을 요청하기도 했어요.

무엇보다 슬비가 봉사 활동을 하면서 가장 어려웠던 점은 시간적 여유와 의지의 부족을 느낄 때였어요. 봉사 활동은 내 마음에 여유가 없거나 의지가 없다면 꾸준히 지속하기가 어렵거든요. 이 일을 한다고 해서 내가 돈을 받는 것도 아니고, 성적이 오르는 것도 아니니까요. 타인을 배려하고 사랑하는 마음의 여유와, 끝까지 이 아이들을 위해 봉사하겠다는 굳은 의지가 반드시 필요해요.

학년이 올라갈수록 학업이 중요해졌고, 슬비는 아이들에게 시간을 내는 것이 점점 부담으로 느껴졌어요. 하지만 슬비를 기다리고 있을 세 동생들을 생각하면 도저히 멘토링을 멈출 수 없었어요. 동생들은 이제 슬비에게는 또 다른 가족이니까요. 멘토링 수업이 끝나고 헤어질 때면 아쉬워하며 문 앞까지 따라 나오며 해 주는 이 한마디가 슬비에게는 큰 힘이 되곤 했답니다.

"슬비 선생님, 다음에는 또 언제 와요? 빨리 와야 돼요, 약속!"

또, 봉사 활동을 하면서 마음의 여유가 사라질 때면 중학생 시절의 담임선생님이 슬비에게 해 주신 말씀을 늘 되새기고 있어요.

"슬비야, 입시나 공부 때문에 봉사 활동을 그만두지 않았으면 좋겠어. 너는 사람들이 함께 행복한 삶을 살아가기를 바라고 꿈꾸는 아이잖니. 입시나 공부라는 수단 때문에 봉사의 진정한 가치를 놓치지 않았으면 좋겠구나."

선생님 말씀이 맞아요. 슬비는 사람들이 행복해하는 모습에 기쁨과 보람을 느끼는 아이였지요. 처음엔 부모님의 권유로 억지로 시작한 봉사였지만, 지금은 슬비가 하고 싶어서 봉사를 하고 있어요.

기본적으로 봉사는 남을 돕는 일이지만, 슬비 자신도 봉사 활동을 통해 얻은 것이 참 많아요. 슬비는 원래 부끄러움이 많고 내성적인 성격의 평범한 아이였지만, 봉사 활동을 시작하면서 성격도 밝아지고 몰랐던 자신의 재능도 발견하게 되었죠. 사소한 일들에도 감사함을 느낄 수 있게 되었고, 미소 지을 수 있게 되었어요. 또 소중한 좋은 인연들도 얻게 되었답니다.

슬비는 자신처럼 또래 친구들이 봉사 활동의 보람과 가치를 알고 더 많이 참여했으면 좋겠다는 생각을 언제나 가지고 있어요.

그래서 자신이 그동안 했던 봉사 활동 사례를 알리는 다양한 봉사 대회들에도 참가했어요. 그 결과, 슬비는 '전국 중고생 자원봉사 대회 행정부장관상'을 비롯해 김천시와 경상북도 교육지원청에서 표창장을 받는 등 수많은 자원봉사 대회에서 수차례 상을 휩쓸었답니다. 게다가 '대한민국 인재상'에 선정되기도 했어요.

하지만 슬비는 자신이 특별한 재능이 있거나 거창한 일을 해서 상을 받았다고 생각하지 않아요. 상을 받기 위해 봉사를 하는 일은 더더욱 없었지요. 자만하기보다는 오히려 함께 상을 받은 다른 친구들의 사례를 보면서 자극도 받고, 상에 대한 책임감에 더욱 봉사 활동을 열심히 하게 되었어요.

슬비는 더불어 행복한 삶을 살고 싶다고 말해요. 그래서 나 자신과 남을 사랑하면서, 함께 행복하게 살아가는 삶을 꿈꾸며, 오늘도 성숙한 어른으로 성장하고 있답니다.

⭐

　혹시 도미노 놀이를 해 보았나요? 가장 앞에 있는 도미노 조각이 아주 작다고 해도, 다음 도미노를 차근차근 넘어뜨리다 보면 나중에는 엄청나게 큰 도미노가 있어도 그 힘을 받아 쓰러뜨릴 수 있다고 해요. 아주 작은 일을 시작한 슬비가 지금은 아주 커다란 꿈을 꾸고 있는 것처럼 말이에요.

　여러분의 재능으로 도움이 필요한 누군가의 필요를 채워 줄 수 있어요. 여러분도 내가 가진 재능을 나눌 수 있는 기회를 발견해 보세요. 사실 슬비가 그리 거창한 일을 한 것은 아니에요. 그저 우리 동네를 위해, 내 이웃을 위해, 도움이 필요한 내 주변 사람들을 위해 마음과 시간을 내어 주었을 뿐이거든요. 진심 어린 사랑의 마음을 담아 도움이 필요한 사람에게 내가 가진 것을 베풀며 세상을 변화시키는 것을 '봉사'라고 해요. 봉사는 세상을 아름답게 변화시키는, 우리가 할 수 있는 가장 쉽고 위대한 일이랍니다. 여러분도 충분히 할 수 있는 일이죠.

　특별한 능력이 없어도 괜찮아요. 내가 가진 아주 사소한 장점으로도 봉사할 수 있답니다. 이왕이면 내가 꿈꾸고 있는 진로나, 평소에 관심을 가지고 있는 분야의 봉사 활동에 참여해 보세요. 만약 내가 원하는 봉사 활동을 찾을 수 없다면 직접 기획하는 것도 하나의 방법이랍니다.

　슬비처럼 도움의 손길이 필요한 새로운 동생이나 반 친구를 찾아보는 건 어떨까요? 우리 동네를 깨끗하게 만들기 위해 친구들과 함께 길거리에 버려진 쓰레기를 주워 보는 것도 좋겠지요. 평소에 긍정적인 생각을 가지고 매사에 솔선수범하는 것도 일상에서 우리가 쉽게 할 수 있는 봉사의 일종이에요. 나로 인해 세상이 더 따뜻해진다면 얼마나 보람 있고 행복할까요?

여러분의 작은 행동이 바로 아주 작은 첫 도미노 조각이 될 거예요. 여러분 한 사람, 한 사람이 일으킨 작은 변화가 언젠가는 여러분의 주변을 긍정적으로 변화시키고 더 나아가서는 세상을 바꿀 큰 힘이 될 테니까요.

생각이 쑥쑥 자라는 '자원봉사' 이야기

⭐ 건강한 자원봉사 마인드를 갖추어요!

- 중·고등학생이 되면 내신 성적을 위해 의무적으로 채워야 하는 봉사 시간이 있어요. 그래서 내신과 입시를 위해 의무적으로 봉사 활동을 하거나, 공식적으로 봉사 시간이 인정되지 않는 활동은 꺼리는 경우가 있지요. 하지만 봉사 활동은 단순히 자신의 이익을 채우는 활동과는 거리가 멀어요.

> • 자원봉사 활동이란?
> 지역 사회·국가 및 인류 사회를 위하여 대가 없이 자발적으로 시간과 노력을 제공하는 활동을 말해요.

- 생활기록부에 기록되지 않더라도 여러분이 자원봉사 활동을 통해 따뜻한 마음을 나눈다면 세상을 아름답게 변화시킬 수 있답니다.

⭐ 자원봉사 활동 요령

- 진로나 취미와 관련된 봉사 활동에 참여하기 : 꾸준히 할 의지도 생기고 입시에도 도움이 될 수 있어요!
- 친구나 가족과 함께 봉사 활동에 참여하기 : 사랑하는 사람들과 즐거운 추억도 쌓고 보람도 느낄 수 있어요!
- 비대면 재택 봉사 활동에 참여하기 : 마스크 만들기, 털모자 뜨기 등 집에서도 얼마든지 할 수 있어요!

⭐ 자원봉사 활동에 직접 참여해 보세요!

- 지역의 자원봉사 센터나 관공서, 공공기관, 복지기관 등 다양한 기관에서 수시로 자원봉사 활동을 운영하고 있어요.

> • **관련 사이트**
>
> **1365 자원봉사 포털** https://www.1365.go.kr
> 홈페이지에 접속 후 지역, 분야 등 자신의 조건에 맞는 자원봉사를 조회 후 신청하면 봉사 활동을 할 수 있어요.
>
> **청소년 자원봉사 두볼(Dovol)** https://www.youth.go.kr
> 봉사 활동 정보 검색, 신청, 확인서 출력은 물론 1365 나눔 포털을 통해 나이스(학생 생활 기록부)로 실적 전송이 가능해요. 혹은 자신이 원하는 희망 봉사 활동을 등록해 두면 그 활동을 필요로 하는 곳과 연계되어 봉사를 할 수도 있어요.

내가 가진 장점으로 어떤 봉사를 할 수 있을까요?

사회참여 동아리

나는야 우리 동네 문제 해결사!

우리 마을을 살기 좋게 바꾸는
사회참여 동아리 회장, 최승혁

내가 살고 있는 지역 사회를
더 살기 좋은 곳으로 변화시키는 데
나이는 전혀 상관없어요.
세상을 바꾸고자
무언가 시작한다는 것 자체로도
충분히 가치 있지 않을까요?

 사회참여 동아리가 뭐야?

"자, 여러분! 이번 주까지 동아리 개설 신청 기간이니, 자율 동아리를 직접 만들어 보고 싶은 친구들은 신청서를 제출하세요."

담임선생님의 말에 승혁이는 귀가 솔깃했어요. 중3이 되어 어떤 동아리에 가입할지 고민하던 중이었는데, 이미 만들어진 동아리가 아닌 내가 직접 만드는 동아리가 있다니 재미있어 보였지요.

자율 동아리는 학생들이 직접 동아리 신청서를 내고, 친구들 앞에서 소개하고, 부원을 모으고, 활동을 계획하는 등 학생들이 주도해서 운영하는 방식이에요.

'이제 중학교에서 보내는 마지막 1년이니 직접 동아리를 만들어 볼까? 만든다면 어떤 동아리가 좋을까? 좀 의미 있고 특별한 활동은 없을까?'

중학교에서의 마지막 추억을 위해 승혁이는 동아리를 직접 만들어 보기로 결심했어요. 어떤 분야의 동아리를 만들지 고민하던 중에 우연히 '사회참여 동아리'라는 것을 알게 되었어요. 학교 안에서 활동하는 것이 아니라, 학교 밖에서 적극적으로 활동하고 지역 사회를 바꾸며 사람들에게 도움을 주는 동아리였어요. 사회참여 동아리는 승혁이에게 꽤 매력적으로 느껴졌어요.

'그런데 나처럼 평범한 중학생도 지역 사회를 바꿀 수 있을까? 누가 이런 동아리에 관심을 갖고 가입을 하기나 할까? 에이, 아무도 안 들어오면 어때! 일단 해 보자!'

생소한 동아리 분야에 다소 걱정도 되었지만, 앞으로 동아리 생활에 대한 설렘과 기대가 더 컸던 승혁이는 진지하게 동아리 개설 신청서를 작성하고 선생님께 제출했어요.

며칠 후 1~2학년들이 모인 자리에서 자신이 만든 동아리를 소개하는 시간을 가졌어요.

"안녕하세요. 저는 곧 3학년이 되는 최승혁입니다. 다들 사회참여 동아리가 뭔지 잘 모르실 텐데요, 이름 그대로 사회에 참여하는 동아리입니다. 우리 지역이나 우리 주변의 크고 작은 문제점들을 발견하고 직접 해결할 예정입니다. 이런 활동을 함께 하고 싶으신 분들의 가입을 기다리겠습니다."

동아리를 멋지게 소개하긴 했지만 과연 가입자가 있을지 조금 긴장이 되었어요. 하지만 승혁이의 우려와 달리 사회참여 동아리에도 친구들이 모이기 시작했어요. 누군가는 신기해서, 누군가는 지역을 바꾼다는 점이 마음에 들어서, 누군가는 호기심에 가입 신청서를 내밀었지요.

그리고 마침내 사회참여 동아리의 첫 모임이 시작되었습니다. 동아리 회장인 승혁이는 부원들 앞에서 오리엔테이션을 진행했어요.

"사회참여 동아리에 가입해 주셔서 감사합니다. 우리 동아리는 우리가 살고 있는 지역의 문제점을 찾아 해결하는 동아리입니다. 학교 밖에서 활동하는 만큼 어려운 부분도 많겠지만 앞으로 1년 동안 잘해 보면 좋겠습니다."

부원들이 환호하며 박수를 치자 승혁이는 어깨가 으쓱해지면서 책임감이 생겼어요. 승혁이도 직접 동아리를 운영해 보는 건 처음이라 부원들과 함께 만들어 가고 싶었어요.

"첫날이니까 다 같이 동아리 규칙을 정해 보는 건 어때?"

"좋은 생각이야. 전반적인 연간 계획표를 짜 보는 것도 좋을 것 같아."

"와, 활동이 너무 기대되는걸! 어서 첫 활동을 기획해 보자!"

승혁이와 부원들은 앞으로 시작할 동아리 활동들이 너무나 기대가 되었어요.

 **'밀양 툰베리' 프로젝트!**

"우리 동아리의 첫 활동은 어떤 것으로 할까?"

고민하던 승혁이는 문득, 뉴스에서 본 스웨덴의 청소년 환경 운동가 그레타 툰베리를 떠올렸어요. 15세의 어린 나이에도 불구하고 기후 변화 문제의 심각성을 알리기 위해 매주 금요일마다 등교를 거부하며 1인 시위를 시작했고, 툰베리의 작은 행동에 공감한 전 세계의 많은 학생들이 다양한 형태로 환경 보호에 동참하기 시작했답니다. 승혁이는 친구들에게 이렇게 제안했어요.

"우리도 스웨덴의 그레타 툰베리처럼 우리가 사는 밀양 지역의 환경을 보호하는 활동을 해 보면 어떨까?"

"오, 좋은 생각이다! 환경 보호 캠페인은 어때?"

"나 며칠 전에 버스 정류장 부근의 하수구에 사람들이 쓰레기를 함부로 버리는 걸 봤어. 외관상 보기도 좋지 않고 비가 오면 하수구가 막혀서 물이 역류하는 문제점이 있었어. 사람들이 하수구에 쓰레기를 버리지 않는 캠페인을 해 보면 좋을 것 같아."

"우아, 해 보자! 어떤 방법들이 있을까?"

말문이 트이자 꼬리에 꼬리를 물고 부원들의 다양한 의견이 쏟아졌어요. 그래서 사회참여 동아리의 첫 번째 활동은 하수구 옆에 쓰레기 무단 투기 예방 문구를 적는 것으로 결정되었지요. 어떤 문구를 적을지, 어떤 그림을 그릴지, 어느 하수구에 적을지 등 여러 차례에 걸쳐 회의를 했어요.

회의 끝에 동아리 부원들은 '하수구는 쓰레기를 원하지 않아요.'라는 문구와 함께 '어항' 그림을 그리기로 했어요. 하수구를 마치 물고기가 사는 어항 같은 곳으로 인식하면 쓰레기를 덜 버리지 않을까 하는 아이디어였지요. 승혁이는 부원들과 동네에서 쓰레기가 많이 버려져 있는 하수구를 직접 탐방하며 조사했어요. 하나의 아이디어에서 구체적인 실천 방법까지 나오자 승혁이와 친구들은 신이 났어요.

친구들과 직접 계획한 첫 활동 기획서를 학교 동아리 담당 선생님에게 제출하자, 선생님도 박수를 쳐 주셨어요.

"와, 정말 좋은 생각이구나! 이 활동을 구체화할 수 있도록 지역의 관계자분들께도 협조 공문을 보내고 실행해 보자."

승혁이는 부원들과 직접 기획한 활동을 실제로 실행할 수 있다는 생각에 기대 반, 걱정 반으로 가슴이 두근거렸어요.

며칠 후, 드디어 동아리에서 기획한 첫 활동날. 학교 수업이 끝나고 동아리 부원들과 선생님과 함께 학교 근처에 있는 빗물받이 앞에 모여 하수구 쓰레기 버리기 방지를 위한 활동을 시작했어요. 페인트와 붓으로 빗물받이 주변에 문구와 그림을 그리는 작업이었는데, 처음 하는 일이라 크고 작은 시행착오들이 있었어요.

"페인트 통 뚜껑이 잘 안 열려……."

"어, 큰일났다. 페인트가 번지는데?"

"으악, 안 되겠다. 일단 긁어내자!"

페인트가 생각대로 칠해지지 않고 번지기까지 해서 '이대로 돌아가야

승혁이의 동아리가 진행한
캠페인 활동 사진

하나?' 하는 막막한 순간도 있었어요. 하지만 다행스럽게도 대안을 찾아냈고, 준비해 온 도면을 이용해 글자를 적기 시작했어요. 날씨가 꽤 더웠지만 힘들기보다는 오히려 재미있었어요. 자신들이 기획부터 실행까지 직접 할 수 있었기 때문이에요. 그렇게 사회참여 동아리의 첫 작품이 만들어졌어요.

"야호, 드디어 성공했어!"

"다들 정말 수고 많았어."

누군가가 보기엔 그저 작은 문구와 그림으로 보일지 몰라요. 하지만 승혁이와 동아리 부원들에게는 첫 활동의 작품이었기에 그 어떤 그림보다 더 멋져 보였어요.

첫 활동을 마친 후, 기대 이상으로 주변의 반응이 좋았어요. 호기심에 문구를 바라보던 시민이 쓰레기를 버리지 말아야겠다는 인식을 갖게 되었다는 이야기도 전해 들었고, 다른 지역에도 설치해 달라는 요청도 들어왔어요. 승혁이와 동아리 부원들은 엄청난 보람을 느꼈어요. 그리고 승혁이는 중요한 사실을 깨달았답니다.

'살기 좋은 세상을 만드는 데 나이는 상관이 없구나! 우리도 지역을 바꿀 수 있고, 목소리를 낼 수 있어!'

 ## 어둠을 밝히는 우리 동네 해결사!

승혁이와 동아리 부원들은 또 다른 프로젝트 기획을 위해 회의가 한창 진행 중이에요.

"우리 동네에는 어두운 곳이 많아서 밤이 되면 많이 위험한 것 같아."

"맞아, 나도 밤에 돌아다니다가 어두워서 넘어질 뻔했어."

"가로등이 있긴 한데 잘 작동되지 않아서 문제야."

"가로등이 없는 곳도 많더라."

이번 프로젝트는 동네의 어두운 곳을 밝힐 해결 방법을 고민하는 것으로 시작했어요. 가로등이 더 많이 설치되면 좋겠지만, 그건 학생들이 하기에는 너무 크고 어려운 일이었어요. 자료를 조사하던 승혁이와 친구들은 대안을 발견했어요.

"태양열 LED 전등은 어때? 크기도 크지 않고 성능도 좋은 것 같아!"

"오호, 이 정도면 우리가 직접 사서 붙일 수 있겠는데?"

"좋아! 그럼 어디에 붙일지 활동 장소를 찾아보자!"

마음 같아서는 어두운 모든 곳에 붙이고 싶었지만 현실적으로 실행할 수 있고 가장 필요해 보이는 특정 장소를 정하기로 했어요.

"이동이 불편하신 장애인이나 노인 분들은 어두우면 위험하니까, 그분들 집 근처에 붙이는 게 어떨까?"

"괜찮은 생각이야. 그런데 우리가 어떻게 그런 곳을 찾지?"

동아리 친구들은 아이디어를 가지고 직접 장애인 복지관을 방문했어요. 복지관 선생님은 기쁜 마음으로 이야기했어요.

"실제로 장애인 한 분이 야간에 집으로 가다가, 길이 어두워 넘어져서 허리를 다치신 적이 있었어요. 어린 학생들이 이런 생각을 하다니 정말 대견하고 고맙네요. 우리 기관에서도 적극 협조할게요."

동아리 친구들은 복지관을 통해 조명이 꼭 필요한 장소를 결정할 수 있었어요. 처음엔 단순히 '우리 동네의 어두운 곳을 밝히자!'라는 작은 아이디어가 어느새 지역의 장애인 복지관과 협력을 하는 대형 프로젝트로 발전하자 승혁이는 조금 얼떨떨했어요. 그러면서 더욱 책임감이 생겼지요.

마침내 프로젝트를 실행하기로 한 당일이 되었어요. 동아리 친구들은 미리 선정한 장소에 적당한 위치를 잡은 뒤 실리콘 건으로 LED 등을 부착하기 시작했어요. 그러나 이번에도 위기의 순간이 있었어요. 실리콘이 빨리 굳지 않아 전등이 고정되지 않는 거예요. 승혁이와 부원들은 실리콘을 쏜 뒤 굳을 때까지 전등을 손으로 붙잡고 있었어요. 한 사람이 계속 하기에는 팔이 너무 아파서 서로서로 돌아가면서 교대를 했는데도 진땀이 뻘뻘 났어요.

시간이 어느 정도 흐르고 실리콘이 단단하게 굳자, 마침내 손을 뗄 수 있게 되었고 환한 LED 조명이 설치되었어요. 이 과정을 지켜본 동네 어른들은 무척 좋아하시며 계속 감사의 말을 하셨어요.

"동네가 너무 어두워서 우리 딸이 늦게 오면 휴대전화로 불을 비추며 마중을 나가야 했는데, 학생들이 도와주니 이제야 살 것 같아요. 이 은혜를 어떻게 갚으면 좋을까요!"

승혁이는 몸 둘 바를 몰랐어요. 프로젝트를 진행하며 겪었던 몸과 마음의 고생 모두가 사르르 날아갔고, 우리 동네의 해결사가 된 것처럼 자랑스럽고 뿌듯했어요.

승혁이와 동아리 부원들은 이런 경험을 통해 활동에 자부심을 갖고 꾸준히 프로젝트를 직접 기획해 동네의 문제들을 하나둘 해결하며 지역 사회를 바꿔 나갔어요.

그러던 어느 날, 동아리 담당 선생님이 반가운 소식을 전해 주셨어요.

"얘들아, 우리 동아리가 지역의 뉴스에 나오게 되었어. 모두 너희가 활동을 열심히 해 준 덕분이야."

"우아, 진짜요? 멋지다!"

처음엔 그저 '우리 동네 주변의 불편한 점을 바꿔 보자.'라는 단순한 생각에서 시작한 활동이 하나둘 쌓이다 보니 지역의 신문과 뉴스에도 나오게 된 거예요. 부모님과 친척들도 뉴스에 나온 승혁이와 동아리 활동을 보고 자랑스럽다고 칭찬해 주셨어요. 학교 선생님들과 친구들도 많은 격려와 응원을 보냈어요. 동아리 모든 멤버들은 뿌듯한 마음과 함께 더욱 열심히 해야겠다는 각오를 다졌지요.

'그래, 우리 동네는 우리가 지키는 거야! 앞으로도 우리 지역에 도움이 되는 활동들을 꾸준히 이어 나가야지!'

 ## 세상을 바꾸고 나를 성장시키는 날갯짓

물론 동아리 활동이 항상 순조로웠던 건 아니에요. 교내 활동이 아닌 외부 활동이라 그런지 변수도 많고 사소한 준비물을 놓치는 등 생각지도 못한 문제들이 종종 생겼어요. 회의 때는 모든 것이 완벽할 줄로만 알았는데, 막상 실행을 하니 생각대로 되지 않아 막막한 상황도 많았지요.

"이게 왜 안 되지? 오늘 안에 끝낼 수는 있을까?"

"이러다가 우리 영영 못하는 거 아니야?"

의견을 내고 토론을 하다 보면 동아리 부원들끼리 의견이 맞지 않아 다시 원점으로 돌아간 적도 있어요. 한 시간 동안 이야기를 나눠도 결론이 나지 않을 때도 있었고요. 이 모든 것을 결정해야 하는 것은 회장인 승혁이인데, 아무래도 회장이라는 역할이 처음이라 모든 것이 낯설고 어색했어요.

　하지만 이런 경험들은 계속되는 활동의 밑거름이 되었어요. 오히려 이런 실수가 있었기에 동아리 부원들과 더 협력하면서 더 나은 동아리로 발전할 수 있었어요.

　특히 동아리는 '청소년 사회참여 발표 대회'에서 빛을 볼 수 있었어요. 이 대회는 청소년들이 자기 주변이나 지역 사회에서 발생하는 문제점들을 찾아내고, 그 문제를 해결해 나가는 과정을 설명하는 전국 단위 대회랍니다. 그동안의 동아리 활동을 정리하는 마음으로 큰 기대 없이 도전한 대회에서 승혁이의 동아리가 '최우수상'이라는 큰 상을 수상하게 된 거예요.

　"우아, 대박! 우리 진짜 최우수상 받은 거야?"

　전국 대회에서 최우수상이라니! 승혁이와 친구들은 기뻐서 펄쩍펄쩍 뛰었어요. 승혁이 혼자서는 결코 해낼 수 없었을 거예요. 함께한 동아리 부원들과 기꺼이 지원해 준 많은 어른들의 도움이 큰 힘이 되었어요. 승혁이는 처음 동아리 활동을 시작했을 때부터 그동안의 과정이 머릿속에 스쳐 지나갔어요. 계획대로 안 될 때도 있었고 막막할 때도 많았지만,

우리 스스로 주체가 되어 동네의 문제를 함께 고민하고 행동으로 옮긴 작은 노력들이 모여 누군가에게 도움을 주었다는 사실이 기쁘고 자랑스러웠어요.

그 밖에도 승혁이는 동아리 친구들과 함께 독거노인을 돕기 위한 기부 캠페인, 장애인의 야간 통행 편의를 위한 캠페인, 청소년을 위한 등굣길 안전 UCC 제작 등 다양한 동네 살리기 프로젝트를 진행했어요. 이렇게 수많은 활동을 하며 승혁이는 앞으로 많은 사람들에게 보탬이 되고 기꺼이 도움을 줄 수 있는 사람이 되고 싶다는 꿈이 생겼어요. 그저 중학교 3학년의 마지막을 알차게 보내고 싶어서 시작한 동아리 활동은 승혁이가 성숙한 시민으로 성장하는 데 큰 원동력이 되었답니다.

우리는 흔히 타고난 능력이나 재능을 가진 특별한 사람들이 세상을 변화시킨다고 생각해요. 하지만 누구나 작은 실천을 행동으로 옮긴다면 '우리 동네 해결사'가 될 수 있을 뿐만 아니라, 더 나은 세상을 만드는 영웅이 될 수 있어요.

변화의 시작은 바로 '관심'입니다. 학교에서 학급 자치회, 학생회, 자율 동아리 활동 등에 관심을 갖고 적극적으로 참여해 보세요. 승혁이처럼 동아리를 직접 만들어 보는 것은 어떨까요? 혼자는 어려워도 여러 명이 함께 모인다면 용기가 생기거든요. 같은 관심사와 꿈을 가진 친구들을 만나 함께하면 서로에게 자극도 받고 응원하면서 더 큰 시너지 효과를 낼 수 있답니다.

  혹시 승혁이처럼 우리 마을을 살기 좋은 곳으로 만드는 데 관심이 있나요? 일상에서 내가 마주하는 사소한 문제나 주변에 관심을 가지는 것이 사회참여의 첫걸음이랍니다. 내 주변에서 느낀 불편한 문제를 해결하기 위해 내가 할 수 있는 일은 무엇일까요? 그 방법을 고민해 보고 직접 실천해 보세요. 마음 맞는 친구들과 함께 '우리 동네 툰베리 프로젝트'를 해 보는 것도 좋겠지요? 승혁이처럼 여러분이 우리 동네 해결사가 되어 준다면 우리 마을은 더욱 살기 좋고 아름다운 곳이 될 거예요. 지역을 변화시키는 것뿐만 아니라, 그 과정 속에 나 자신도 함께 부쩍 성장하고 변화할 수 있어요. 이 글을 읽으면서 '나도 우리 동네 해결사가 되고 싶어!'라는 생각이 들었다면, 여러분은 이미 첫걸음을 뗀 거예요. 여러분의 작은 관심과 실천이 내가 살고 있는 지역을, 더 나아가 세상을 바꾸는 작은 날갯짓이 될 수 있다는 사실을 기억하세요.

생각이 쑥쑥 자라는 '사회참여 활동' 이야기

⭐ '사회참여'가 뭐예요?

'사회참여'란 세상을 더욱 살기 좋게 바꾸는 일에 스스로 참여하는 것을 말해요. 내 주변에서 발생하는 작은 문제에 관심을 갖고, 그 문제를 해결해 나가기 위해 작은 실천을 함으로써 보다 나은 세상을 만드는 활동이에요. 사회참여 활동은 나 자신은 물론 내가 살아가는 공동체를 변화시키는 위대한 활동이랍니다.

⭐ 청소년의 사회참여 활동 예시

1. 학교 앞에 자전거 도로가 생겼어요!

당산초등학교 5학년 2반 아이들이 학교 앞에 자전거 도로를 만들기 위해 서울 시장에게 편지를 보냈어요. 직접 학교 앞 자전거 도로의 필요성과 가능성을 꼼꼼히 조사하고 자신들의 의견을 정확히 전달한 아이들의 노력으로 결국 당산초등학교 주변에 자전거 도로가 만들어졌습니다.

2. 우리가 박물관을 바꿨어요!

국립중앙박물관에 체험 학습을 간 수송초등학교 친구들은 실내에서 도시락 먹을 공간이 없어 불편을 겪었어요. 그중 6명의 친구들은 자신들이 겪은 불편한 문제를 해결하기 위해 박물관에 민원을 신청하고 의견을 전달하여 결국 박물관에 학생들이 편하게 도시락을 먹을 수 있는 장소가 생겼습니다.

3. '똥 학교'란 놀림이 싫어 학교 이름을 바꿨어요!

'대변초등학교'라는 이름 때문에 놀림을 받은 학생들은 교명을 바꾸기 위해 지역 주민들에게 4,000건 이상의 서명을 받아 결국 학교 측에서 '교명변경위원회'를 구성하여 결국 '용암초등학교'로 교명을 변경하였답니다.

⭐ 청소년 사회참여 활동 4단계

1단계 문제점 찾기
- 우리 주변에서 문제점을 찾기
- 우리에게 어떤 불편을 주는지 살펴보기
- 왜 이런 문제가 발생했는지 알아보기

2단계 관련 자료(대안 정책) 만들기
- 문제와 관련된 정책 조사하기
- 관련 제도나 연구 자료 찾아보기
- 관련 정책이나 제도의 한계점 살펴보기

3단계 공공 정책 만들기
- 문제를 해결하기 위한 공공 정책 만들기
- 공공 정책을 관련 정부 기관에 제안하기

4단계 실천하기
- 많은 사람들에게 홍보하기
- 정책이 실현되도록 실천하기
- 활동 후 보고서 작성하기

(출처: 청소년 사회참여 발표대회 홈페이지 https://youth.kdemo.or.kr)

우리 주변의 불편함과 어려움을 찾아보세요!

함께 살아가기

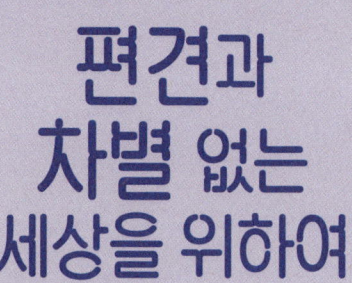

편견과 차별 없는 세상을 위하여

학교 밖 청소년의 인권을 위해 싸우는
'홈스쿨링생활백서' 대표, 송혜교

학교 밖 청소년에 대한 편견을 없애고
그들이 차별을 받지 않도록
또 다른 꿈을 꾸고 있어요.
저는 그저 누군가 해야 하는 일,
꼭 해야 하는 좋은 일이라고
생각하는 것들을 하고 있을 뿐입니다.

 학교에 다니지 않는 청소년도 있어요

"학생 할인 받으려고요."

"학생증이 있어야 청소년 요금 할인이 가능해요."

"아, 제가 학교를 다니지 않아서 학생증이 없는데요……. 청소년증으로는 안 될까요?"

"청소년증? 그게 뭔데요? 미안하지만 규정상 학생증이 없으면 할인 혜택을 줄 수가 없어요."

혜교는 친구랑 영화관에 갔다가 억울한 일을 당했어요. 혜교는 15세에 학교를 떠나 홈스쿨링을 통해 학업을 이어 나가고 있는 학교 밖 청소년, 일명 '자퇴생'이에요. 학교를 다니지 않으니 당연히 학생증이 없고, 대신 청소년증을 가지고 있어요. 국가에서 모든 청소년의 신분을 증명하고 차별 없이 청소년 할인 제도의 혜택을 받도록 하기 위해 청소년증을 발급해 주는데, 여전히 이를 모르는 사람이 많아요. 그래서 혜교는 종종 청소년 할인 혜택을 받지 못하고 성인 요금을 내야 할 때마다 속이 상했어요.

학교 밖 청소년은 공부를 포기한 청소년이 아니라, 그저 학교에 다니지 않는 청소년을 말해요. 혜교는 학교를 떠나 다른 공부 환경을 선택했을 뿐 나쁜 길로 빠지거나 학업을 게을리하지 않았어요. 그 결과 또래 친구들보다 더 빠른 17세에 고등학교 교육 과정까지 모두 마칠 수 있었답니다.

하지만 단지 학교를 다니지 않는다는 사실 하나만으로 색안경을 끼고 바라보는 시선이 많았어요. 특히 뉴스나 신문에서 학교 밖 청소년들을 문제아 취급하며 부정적인 시선으로 보도할 때마다 혜교는 억울함을 느꼈어요.

"학교를 안 다닌다고? 공부를 못했나?"

"사고 쳐서 그만둔 거 아니야?"

현재 우리나라의 학교 밖 청소년은 무려 40만 명이나 돼요. 1년에 평균 5만여 명의 초·중·고등학생이 학교를 떠나고 있다고 해요. 그러나 여전히 사회와 어른들의 시선은 달갑지 않아요. 학교를 떠난 청소년들은 사회의 무관심과 소외로 크고 작은 차별을 겪고 있답니다. 학교에 다니는 학생들이라면 당연하게 받는 지원과 혜택이, 학교라는 울타리를 떠나면 턱없이 부족한 상황이거든요.

학교를 떠나면 교과서도 없고 선생님도 없어요. 친구나 선후배도 사귀기 어렵죠. 학교 밖 청소년들의 대부분이 공부를 계속하거나 아르바이트를 하면서 자신의 꿈을 키워 나가고 있지만, 좋지 않은 노동 대우를 받거나 편견에 시달리고 있어요.

'나는 다른 길을 가는 것뿐이지 결코 틀린 길을 가고 있는 게 아니야. 공부도 게을리 하지 않고, 성실하게 아르바이트도 하고 있는데, 학교를 다니지 않는다는 이유로 왜 이런 대우를 받아야 할까?'

마음속으로 끙끙 앓던 혜교는 자신뿐만 아니라, 비슷한 상황의 다른 청소년들도 학교를 그만둔 뒤로 많은 어려움을 겪고 있다는 사실을 깨달았어요.

'나처럼 학교를 떠나 어려움을 겪고 있는 청소년들이 많이 있겠구나. 그런 친구들에게 도움이 될 순 없을까? 학교 밖 청소년에 대한 부정적인 인식과 편견을 개선하는 일을 하고 싶어.'

17세, 아직 성인이 되려면 3년이나 남아 있는 혜교는 학교 밖 청소년에 대한 사회의 편견에 당당하게 맞서기 위해 그 시간들을 의미 있게 사용하기로 결심했어요.

 **내가 너희의 안전벨트가 되어 줄게!**

커다란 결심을 한 혜교의 첫 프로젝트는 바로 '자퇴 설명회'였어요. 중

학교나 고등학교, 대학교를 위한 입시 설명회처럼 학교 밖에서도 꾸준히 학업을 이어 나갈 청소년을 위한 자퇴 설명회가 필요하다고 느꼈기 때문이에요. 혜교는 같은 뜻을 가진 학교 밖 청소년 친구들과 함께 기획을 시작했어요. 학교를 떠나면 검정고시는 어떻게 준비하는지, 슬럼프는 어떻게 이겨 낼 수 있는지, 어떻게 진로를 찾을 수 있는지 등 학교 밖 청소년들의 진솔한 경험담을 들려주는 자리를 마련한 거예요.

혜교는 설명회를 진행할 장소도 예약하고, 강연을 해 줄 자퇴생 출신의 청소년들도 섭외했어요. 참가자를 모집하기 위해 자퇴 설명회 홍보 안내문을 만들어 청소년들이 자주 이용하는 온라인 커뮤니티에 홍보를 했어요. 자퇴를 권유하는 설명회가 아니라, 저마다 다른 이유와 고민으로 스스로 학교를 떠나기로 선택했지만, 비슷한 어려움을 겪게 될 친구들에게 도움을 주기 위한 자리였지요. 그동안 이런 행사가 열린 적이 없었기에, 많은 친구들이 관심을 가지고 신청했고, 준비한 좌석이 꽉 차게 되었습니다.

"자퇴 설명회에 오신 것을 환영합니다. 자퇴 후 혼자 지내다 보면 슬럼프를 겪게 되고 외롭기도 하죠? 자퇴를 하고 싶은데 궁금한 것도, 고민도 많을 거예요. 어떤 선택을 하든 여러분의 행복을 위해서 할 수 있기를 바라는 마음으로 자퇴 설명회를 준비했습니다."

혜교의 사회로 자퇴 설명회가 본격적으로 시작되었어요. 참가한 친구들은 저마다 갖고 있는 고민들이 많았어요.

"자퇴를 해야 할지 말아야 할지 고민이에요."

"검정고시는 어떻게 준비해야 되나요? 정보가 너무 없어요."

"검정고시는 통과했지만, 막상 앞으로 어떻게 살아야 할지 막막해요."

"친구를 어디서 사귀나요? 자퇴하면 외롭지 않나요?"

사소하지만 아무도 알려주지 않았던 질문을 솔직하게 나누고 대답을 공유하는 유익한 시간이었어요. 입시가 전부인 교실을 떠나 학교 밖 세상을 겪고 있는 아이들, 그 두렵고 막막한 길을 함께 걷는 학교 밖 청소년들이 한 자리에 모인 것만으로도 서로에게 공감과 위로가 되었어요. 자퇴생들이 직접 기획한 자퇴 설명회는 기대 이상으로 많은 관심과 공감을 받으며 이튿날 지역 신문을 비롯해 각종 신문 1면에 실릴 정도로 성공적인 마무리를 했답니다.

이 행사를 계기로 혜교는 18세라는 어린 나이에 여성가족부와 한국청소년정책연구원에서 학교 밖 청소년들을 대표해 자문을 요청받았어요. 자문이란 그 분야의 전문가에게 관련 주제에 대한 의견을 듣는 것을 말해요.

혜교는 학교 밖 청소년을 대표해 자문단으로 참여하면서 하나의 정책을 만들기까지 아주 오랜 시간이 걸린다는 것도, 정책이 모든 사람들에게 도움을 주기에는 한계가 있다는 것도 깨닫게 되었어요. 혜교는 이제 스스로 무언가를 해야 한다는 마음이 불끈 솟아났어요.

'단 한 곳이라도 우리의 마음을 알아주고 친구처럼 따뜻하게 환영해 주는 곳이 있다면 얼마나 좋을까? 그래! 사각지대에서 차별받는 학교 밖 청소년들의 소외된 권리도 지키고, 사회적 편견에 맞서 학교 밖 청소년을 보호하는 '안전벨트' 같은 정보 플랫폼을 만들어 보는 거야.'

그리고 19세가 되던 해, 혜교는 학교 밖 청소년을 위한 비영리 단체 '홈스쿨링생활백서'를 만들었어요. 홈스쿨링생활백서는 학교 밖 청소년에게 올바른 정보를 제공하고 지원하는 플랫폼이에요. 검정고시는 어떻게 준비하는지, 정부 지원 혜택에는 무엇이 있는지 등 스스로 나서서 알아보지 않으면 얻기 힘든 정보를 정리해서 공유하고, 온라인과 오프라인 모임을 주최하기도 해요.

처음 홈스쿨링생활백서를 만들기로 결심했을 당시 혜교는 SNS 플랫폼 운영이 능숙하지 않은 상태였어요. 정보를 보기 좋게 제공하기 위해서는 카드 뉴스를 만들어야 하는데 경험이 없어 막막했지요.

하지만 혜교는 좋은 정보를 필요로 하는 청소년들을 생각하며 포토샵이나 마케팅 등 필요한 기술을 혼자서 공부하기 시작했어요. 하루에 두 시간만 잠을 자고 나머지 시간은 홈스쿨링생활백서를 위해 투자했지요. 끊임없이 노력한 끝에 누군가를 가르칠 정도로 수준급의 포토샵 실력을 갖추게 되었어요. 그렇게 혜교의 노력으로 학교 밖 청소년을 위한 정보를 꾸준히 무료로 공유하자, 구독자가 차츰 늘어났고 현재 7,000명 이상의 구독자가 홈스쿨링생활백서를 애용하고 있답니다.

홈스쿨링생활백서는 정보 제공뿐만 아니라, 학교 밖 청소년들을 위한 행사를 열기도 해요. 학교를 떠난 친구들은 또래 친구를 사귈 기회가 상대적으로 적거든요. 혜교 역시 학교를 떠난 뒤 가장 힘들었던 것 중 하나가 외로움이었어요. 한창 또래와 어울려 즐겁게 놀 시기지만 친구들은 대부분 학교에 다니고 있으니 자연스레 멀어졌지요. 혜교도 다른 친구들처럼 또래를 사귀고 싶었고, 고민을 편하게 털어놓을 선배도 있었으면 했어요.

그래서 혜교는 온라인 채팅 등 범죄 위험이 있는 무작위 만남이 아닌, 안전하게 친구를 사귈 수 있는 자리를 만들기 위해 친목 행사를 열기 시작했어요. 학교를 떠나 홀로 힘들어하는 친구들부터, 자퇴를 고민하고 있는 친구들까지, 다양한 상담을 해 주는 멘토 활동도 시작했어요.

"학교에서 친구들과 경쟁하는 것이 너무 힘들어요. 자퇴해도 될까요?"
"저는 가수가 되고 싶어요. 자퇴하고 하루 종일 노래만 하고 싶어요."
"학교는 의미가 없는 것 같아요. 자퇴하고 무조건 대학에 일찍 가고 싶어요!"

혜교가 자퇴생을 돕는 플랫폼을 운영하고 있기에, 후배들에게 자퇴를 권한다는 오해를 하는 시선도 많이 있었어요.

하지만 오히려 혜교는 고민하는 친구들에게는 자퇴를 말리는 편이에요. 학교 밖 환경이 얼마나 고단하고 외로운지 잘 알고 있기 때문이죠.

학교를 나오면 정보를 찾는 것도 공부를 하는 것도 뭐든지 혼자 스스로 결정해야 하고, 사회적 편견에 상처를 입을 수도 있거든요. 그래서 상담 온 친구들에게는 언제나 신중하게 자퇴를 결정하라고 진심으로 조언을 해 주었어요.

이러한 과정에서 혜교와 같은 마음과 뜻을 지닌 학교 밖 친구들이 하나둘씩 생겨났고, 덕분에 혜교는 혼자가 아닌 친구들과 함께 다양한 행사를 주최할 수 있었어요. 수익을 내기 위한 단체가 아닌 공익을 목적으로 한 비영리 단체라 특별한 예산이 없어 오직 입소문만으로 참가자를 모집했지만, 팀원들과 함께 진심을 다해 일한 덕분에 언제나 많은 사랑을 받을 수 있었어요.

 ## 자퇴생을 돕는 자퇴생의 발걸음

혜교가 홈스쿨링생활백서를 설립한 이유는 딱 하나였어요.
'내가 겪은 어려움을 다른 친구들은 겪지 않았으면 좋겠다.'
이 마음이 혜교를 자꾸만 움직이게 했어요. 혜교는 자신이 구체적으로 어떤 어려움을 겪었는지 하나씩 떠올려 보았어요.

가장 먼저 검정고시를 혼자 준비했을 때가 생각났어요. 무엇보다 정보가 너무 부족했던 기억이 있어요. 포털사이트에 '검정고시'를 검색하면 그저 무의미한 학원 광고들만 나오고 정작 진짜 노하우나 공부 방법

같은 건 찾을 수 없었지요. 학교를 다니면 교과서를 무료로 지원받을 수 있지만 학교를 떠나면 교과서도 직접 구매해서 공부해야 하니 돈도 많이 들었어요. 선생님 없이 혼자 하려니 대체 어떻게 공부를 해야 하는지 몰라 막막하기도 했어요.

혜교는 학교를 떠난 후배들은 검정고시를 준비하는 데 어려움을 겪지 않았으면 좋겠다는 생각을 했고, 검정고시 교재 및 강의를 제작하는 iMBC 캠퍼스와 서울시교육청을 찾아갔어요.

"학교 밖 청소년들이 마음껏 공부할 수 있도록 지원하는 정책이 필요합니다!"

혜교가 중심이 되어 몇 차례 논의가 오간 끝에, 서울시교육청과 iMBC 캠퍼스가 협약을 맺고 서울시에 거주하는 학교 밖 청소년에게 교재 및 강의를 무료로 제공하게 되었답니다.

두 기관이 연대할 수 있도록 연결고리가 되어 준 혜교는 혼자 검정고시를 준비하는 학교 밖 청소년들에게 도움이 될 수 있음에 큰 보람과 기쁨을 느꼈어요.

혜교의 프로젝트는 여기서 끝나지 않았어요. 자퇴생들과 고민 상담을 하다 보면 그들이 아쉬워하는 것 중 하나가 바로 '졸업식'이에요. 학교에서는 교육 과정을 마치면 졸업식을 하지만, 학교 밖 청소년들은 검정고시를 통해 졸업을 했어도 딱히 축하하는 행사가 없으니까요. 이 아쉬움을 달래기 위해 혜교는 번뜩이는 아이디어를 내놓았어요.

'검정고시도 엄연히 교육 과정을 졸업한 것과 다름없는데 왜 아무도 우리를 축하해 주지 않지? 그래, 검정고시를 통과한 학교 밖 청소년들을 위한 졸업식을 열면 어떨까? 우리가 직접 축하해 주는 거야!'

혜교는 검정고시 졸업자들을 위한 특별한 졸업식을 기획했어요. 우리들만의 축제처럼 학교 없는 특별한 졸업식을 만들고 싶었어요. 이 자리에서 청소년들을 함께 축하해 줄 사람들을 모으기 위해 혜교는 자퇴생 출신인 유명 인사들에게 무작정 초청장을 보냈답니다. 이러한 노력 덕분에 혜교가 개최한 '학교 없는 졸업식'에는 사회 각계의 어른이 된 자퇴생들과 서울시교육감 등 유명한 사람들이 졸업생들을 축하해 주기 위해 참석해 주셨어요.

행사 당일, 혜교는 서울시교육감님과 함께 검정고시에 합격한 15~24세 학교 밖 청소년들에게 직접 졸업장과 꽃을 건네며 진심 어린 축하를 해 주었어요.

"초등학교 이후 졸업식을 못해 봤는데, 이렇게 졸업식을 하니까 새롭고, 떨리고, 축하를 받으니 너무 기뻐요."

"자퇴를 한 후에도 이렇게 졸업을 축하받을 수 있을 줄 몰랐는데……. 그동안 학교를 떠나 많이 힘들었는데 위로받는 기분이에요. 정말 감사합니다."

졸업식에 참석한 학교 밖 청소년들은 학사모를 쓰고 한껏 포즈를 취하며 즐거워하고, 졸업장을 받고 펑펑 울기도 했어요. 자퇴를 했다는 이유

로 사회의 부정적인 인식과 편견 때문에 남모르게 힘들어하는 청소년들이 많았는데 위로와 공감을 받는 느낌이 들어 그간의 설움이 한꺼번에 터져 버린 거예요. 학교 밖 청소년이라는 이유로 차별을 받거나, 부정적

없는 졸업식

인 사회적 편견에 맞서고자 했던 혜교의 목소리가 또 다른 학교 밖 청소년들에게는 희망과 위로가 되었답니다.

편견과 차별, 멈춰!

 학교 밖 청소년을 위해 온 일상을 바쳐 뛰어다녔지만, 혜교의 이런 노력을 알아주는 사람은 많지 않았어요. 그들을 비난하는 사람들과 맞서 싸우는 것도 물론 힘들었지만, 정작 도움을 받은 청소년 당사자도 막상 어려움을 극복하고 나면 도움 받은 것을 잊어버리곤 했지요. 그럴 때마다 혜교는 외롭고 지치기도 했어요. 하지만 학교 밖 청소년들의 한마디가 큰 힘이 되었어요.

"덕분에 꿈이 생겼어요. 더 열심히 공부해서 꼭 의사가 될 거예요."
"모든 게 막막했는데, 홈스쿨링생활백서를 보고 이겨 낼 수 있었어요."

 자신으로 인해 단 한 명의 청소년이라도 더 나은 삶을 살게 된다는 점이 혜교를 지치지 않게 하는 큰 원동력이 되었어요.
 시간이 흘러 자퇴생을 돕던 자퇴생 혜교는 어느덧 성인이 되었어요. 오랜 시간 동안 학교 밖 청소년을 위한 실무 활동을 한 덕분에 다양한 곳에서 인터뷰나 정책 자문을 요청하기도 했어요. 그럴 때마다 혜교는 학교 밖 청소년에 대한 사회적 인식을 개선시킬 수 있는 좋은 기회라 생각하고 흔쾌히 참여하곤 해요. 우리의 권리를 지키고 좀 더 나은 현실을 만들기 위해서는 국회에 관련 법을 바꾸어 달라고 요청하거나 정부에 정책을 마련해 달라고 우리의 목소리를 내고 권리를 요구해야 조금이라도 사회의 변화를 느낄 수 있으니까요.

마침 서울특별시교육청의 검정고시 지원 기획을 위한 프로젝트 팀에 위원으로 참여할 수 있는 기회가 생겼어요. 서울시 학교 밖 청소년에게 필요한 것이 무엇인지를 고민하고, 정책에 담아냄으로써 서울시교육청 정책의 실질적인 변화를 이끌어 낼 수 있는 좋은 기회라고 생각한 혜교는 기대하는 마음으로 참여했어요. 정책 자문단은 보통 교수나 기관장처럼 나이가 많은 어른들 위주로 구성이 되는데, 당시 혜교는 20대 초반의 나이였어요. 참가 위원 중 가장 나이가 어린 데다가 유일한 학교 밖 청소년 출신이었지요. 그래서 나이라는 족쇄가 혜교를 따라다녔어요.

"대표라고 해서 연배가 좀 있으실 줄 알았는데, 생각보다 영(young)하시네."

"우리 딸보다 어리네. 대학은 나왔어요?"

나이에 연연하며 주눅 들었다면 혜교가 학교 밖 청소년의 목소리를 대변할 수 없었을 거예요. 하지만 혜교는 더욱 당당하게 발언해요. 누구나 나이와 학벌과 상관없이 동등하게 존중받을 권리가 있으니까요.

"검정고시도 중요하지만, 그게 학교 밖 청소년의 전부는 아니에요. 자퇴생은 학업을 중단한 것이라는 사람들의 시선과 편견이 오히려 학교 밖 청소년을 위한 새로운 제도를 만드는 데 걸림돌이 되고 있어요. 자퇴는 학업을 중단하는 것이 아니라 학업의 터전을 바꾸는 것이라는 인식의 변화와 그 이후의 지원도 필요합니다."

 학교 밖 청소년의 마음을 누구보다 잘 아는 혜교는 자퇴생을 위한 검정고시와 학업 지원을 넘어 마음까지 보듬을 수 있는 지원 정책을 멋지게 제안했어요. 이러한 제안은 대부분 반영되어 서울특별시교육청 학교 밖 학생 지원 중장기 계획으로 발표되어 시행되고 있답니다.

 만약 혜교가 학교를 떠나 스스로 능력이 부족하다는 이유로, 학교를 다니지 않는다는 이유로, 아직 어리다는 이유로 마주했던 수많은 문제들을 포기했다면 아마 지금의 혜교는 없을 거예요. 또, 혜교 덕분에 생겨난 다양한 행사나 지원 정책들도 없었겠지요. 혜교는 학교 밖 청소년에 대한 편견과 차별을 없애기 위해 여전히 꿈을 꾸고 있어요.

 "지금은 학교 밖 청소년의 처우 개선을 위해 힘쓰고 있지만, 저의 궁극적인 꿈은 떠날 필요가 없는 학교를 만드는 것입니다. 학교 안에서나 학교 밖에서나 청소년이 행복하게 살 수 있는 사회가 될 수 있도록 말이죠."

 남들이 가지 않은 길을 선택했던 혜교는, 자신의 고통스러운 경험을 남들은 겪지 않기를 바라는 마음으로 오늘도 힘껏 살아 내고 있어요.

 우리 주변에는 서로 다른 모습의 사람들이 함께 살아가고 있어요. 함께 살아간다는 것은 무엇일까요? 도움이 필요한 사람에게 기꺼이 손을 내밀어 주고, 어려운 일은 함께 힘을 합쳐 헤쳐 나가는 것이지요. 나와 다른 사람들의 '다름'을 이해하고 존중하며 함께 더불어 사는 일이기도 합니다. 사람은 누구나 소중한 존재이고, 존중받을 권리가 있으니까요.

하지만 우리 사회에는 학교 밖 청소년뿐만 아니라, 장애, 나이, 사상, 인종, 국적 등 신체적 또는 문화적 특징 때문에 소외되고, 차별받으며, 마땅히 누려야 할 권리를 제대로 누리지 못하는 사람들이 아주 많이 있어요. 내가 존중받을 권리가 있듯이 다른 사람 역시 존중받을 권리가 있어요. 장애가 있다고, 국가와 민족이 다르다고, 성별이 다르다고, 나이가 어리다고 해서 무심코 내뱉는 말이 누군가에게는 큰 상처를 줄 수 있답니다.

'역지사지(易地思之)'라는 고사성어를 알고 있나요? '서로의 처지를 바꾸어서 생각한다'는 뜻으로, 상대방의 처지나 입장을 나의 처지로 바꿔 생각해 보고 이해해 보라는 한자성어예요. 서로의 마음을 나누는 '역지사지'의 마음이야말로 우리가 함께 살아가는 데 꼭 필요한 태도입니다.

나와 다르다는 이유로 편견과 차별의 시선을 보내기보다는 '역지사지'의 태도로 상대방을 이해하고 존중하며 함께 살아간다면, 이 세상은 보다 따뜻하고 행복한 세상이 되지 않을까요?

생각이 쑥쑥 자라는 '편견과 차별' 이야기

⭐ '편견'과 '차별'이 뭐예요?

- **편견**
공정하지 못하고 한쪽으로 치우친 의견과 생각을 가지고 특정 대상에게 부정적인 감정이 들어간 태도를 보이는 것을 말해요.

- **차별**
어떤 기준을 두어 대상을 구별하고 다르게 대우하는 것을 말해요.

(출처: 교육부 4학년 2학기 사회 교과서)

편견 때문에 차별이 나타나게 된답니다. 우리는 혼자 사는 게 아니라, 함께 살아가고 있어요. 서로의 다른 점을 편견과 차별 없이 이해하고 존중해 줄 때, 보다 공정하고 평등한 사회를 만들 수 있을 거예요.

⭐ 우리나라 헌법에서 보장하는 평등의 권리

- **제11조 1항**
모든 국민은 법 앞에 평등하다. 누구든지 성별·종교 또는 사회적 신분에 의해 정치적, 경제적, 사회적, 문화적 생활의 모든 영역에 있어서 차별을 받지 아니한다.

- **제31조 1항**
모든 국민은 능력에 따라 균등하게 교육을 받을 권리를 가진다.

⭐ 우리의 권리를 지키는 활동에 직접 참여해 보세요!

우리 주변에는 장애, 나이, 사상, 인종, 국적 등 신체적 또는 문화적 특징이 다르다는 이유로 사람들과 사회로부터 소외받고 부당한 대우를 받는 사람들이 있어요. 그런 사람들의 인권을 지키기 위해 우리 사회 곳곳에서 보이지 않게 노력하는 사람들이 많아요. 우리는 아직 어리지만, 우리의 목소리를 낼 수 있는 다양한 활동에 참여하면 돼요.

- 캠페인 활동을 통해 함께 목소리를 내요.
- 그레타 툰베리처럼 1인 시위를 하거나 공감되는 거리 시위에 참여해요.
- 사회의 문제에 관심을 갖고 나의 의견과 생각을 표현해요.
- 뉴스나 SNS의 글을 보면서 공감하거나 지지해요.

> 다른 사람을 있는 그대로 인정하는 것이 존중의 시작이에요!

자기 주도 활동

우리가 직접 바꿔 볼래!

오직 청소년을 위한 단체, '꿈을 DREAM'의 대표, 이승준

학교에서 정해 준 방향대로
그저 따라가는 것이 아니라,
우리가 직접 기획하고
주도하는 활동을 통해
우리의 작은 목소리가
세상을 변화시킬 수 있다고 믿어요.

 여름 방학 과제에서 시작된 새로운 꿈

"승준아, 직업인 인터뷰 과제 아직 안 했지? 누구 할 거야?"

"고민 중이야. 내 꿈인 시사교양 PD는 이미 1학년 때 만나서 인터뷰를 했었는데, 이번엔 누굴 해야 하지……. 너는 정했어?"

"응, 나는 우리 동네 소방관 인터뷰하려고."

중학교 2학년 여름 방학, 친구들은 '직업인 탐구하기' 과제 준비에 한창이에요. 다른 친구들은 소방관이나 경찰관처럼 주위에서 자주 만나 뵙는 분들을 선정해서 인터뷰했어요. 하지만 승준이는 남들이 다 하는 직업인 말고, 조금 더 새롭고 생소한 직업인을 만나고 싶었어요.

'아하! 우리 지역에 시장님은 딱 한 분이니까 시장님을 인터뷰해 볼까? 그런데 시장님을 어떻게 만나지? 에잇, 일단 그냥 들이대는 거야!'

승준이는 일단 시청 홈페이지에 들어가서 비서실 전화번호를 찾아 전화를 걸었어요.

"안녕하세요, 저는 중학교 2학년 이승준이라고 하는데요. 시장님을 인터뷰하고 싶어요."

"학생, 미안하지만 시장님이 일정이 많으셔서 인터뷰가 어려워요."

승준이는 거절을 당했지만 포기하지 않았어요. 시장님 비서실에 거의 한 달 동안 매일매일 전화를 걸었어요. 그 마음이 통했는지 마침내 시장님의 인터뷰를 할 기회가 생겼어요.

"이승준 학생, 시장님 인터뷰 일정이 잡혔으니 방문해 주세요."

"우아, 정말요? 감사합니다! 야호!!"

승준이는 신이 나서 친구들과 함께 인터뷰 질문도 미리 만들고, 설레는 마음으로 시청을 방문했어요. 한 시간 정도 인터뷰를 진행하는 동안 시장님은 함께 간 학생들이 자유롭게 질문할 수 있도록 경청해 주시고, 재미있고 유쾌한 대답도 해 주셨어요. 어렵고 딱딱한 자리일 줄 알고 잔뜩 긴장했는데, 승준이는 너무나 즐거운 시간을 보냈답니다.

"시장님, 많이 바쁘실 텐데 인터뷰 요청에 응해 주셔서 감사했습니다."

"아니에요. 이렇게 인터뷰 하러 와 줘서 내가 고맙죠. 청소년이 인터뷰하러 온 건 처음이라 의미 있었고 저도 즐거웠습니다."

승준이는 매일 같이 비서실에 전화한 보람이 있구나 싶어 뿌듯했어요. 청소년이 직접 시장님을 만날 기회는 흔치 않으니까요. 승준이는 시장님과의 인터뷰 내용을 다른 또래 청소년들에게도 많이 알리고 싶었어

요. 그러다 문득 좋은 아이디어가 떠올랐어요.

'청소년들이 하고 싶은 일들을 직접 기획하고 실행하는 청소년 단체가 있으면 딱 좋겠는데, 어디 그런 단체 없나? 없다면…… 그럼 내가 직접 만들어 볼까?'

누군가에게는 우연히 스쳐 지나가는 여름 방학 과제 인터뷰가 승준이에게는 새로운 도전의 첫 계기가 되었답니다.

청소년의, 청소년에 의한, 청소년을 위한 청소년 단체

15세, 중학교 2학년 승준이는 큰 포부 하나로 무작정 청소년 단체 '꿈을 DREAM'을 만들었어요. 승준이는 평소에 하고 싶은 일이 있으면 실패하더라도 일단 도전해 보는 편이거든요.

처음에는 전국 동아리의 형태로 시작했어요. 오직 청소년의, 청소년에 의한, 청소년을 위한, 청소년이 중심이 되는 동아리였어요. 학교가 제시하는 길만 가는 것이 아니라, 학생들이 직접 하고 싶은 일을 기획하고 주도했어요.

승준이는 전국에서 모인 친구들과 함께 체험형 직업인 토크쇼, 가정 밖 청소년과 함께 마을 벽화 그리기, 학생 자치x마을 교육 공동체 만남의 광장 운영 등 다양한 프로젝트를 진행했지요.

하지만 전국 단위의 커다란 동아리를 운영한 경험이 부족해서 자리를 잡는 데 오랜 시간이 걸렸어요. 무엇보다 예산을 지원받거나 공금 관리, 학교나 기관에 보내는 공문 처리 등의 공적인 업무를 처리하는 데 어려움을 겪었어요. 하고 싶은 일은 많았지만, 공식 단체가 아닌 동아리라는 이유로 실행하기 어려운 경우가 종종 생겼어요.

'동아리 형태로 계속 운영하기에는 아무래도 한계가 있을 것 같아. 더 많은 활동을 하려면 공식적인 단체로 등록하는 게 좋겠다.'

승준이는 좀 더 적극적인 활동을 위해 동아리를 단체로 등록하기로 했어요. 하지만 대체 어떤 단체를 설립해야 하는지, 어떻게 설립하는지, 어떻게 운영하는지 잘 알지 못하는 생소한 분야라서 머리를 싸매고 공부를 해야 했어요.

'비영리 임의 단체, 비영리 단체, 사단 법인, 재단 법인……. 으악, 이게 다 무슨 말이야? 이 중에서 어떤 단체로 해야 되지?'

한참을 궁리하던 승준이는 해답을 찾았어요.

"아, 이거야! 비영리 임의 단체! 아무래도 이게 우리에게 가장 적합하겠는걸."

비영리 단체는 단체의 이익을 추구하지 않고 공공의 이익을 목적으로 운영하는 단체예요. 자신의 이익보다 다른 누군가를 돕고, 좀 더 나은 세상을 만들기 위해 운영되는 단체라고 할 수 있어요. 특히 비영리 임의 단체는 서류만 준비해서 세무서에 등록하면 끝이라 청소년들이 설립하기 가장 쉬운 형태였어요. 고유 번호증 발급, 단체 통장 개설, 공문 발송 등의 업무가 가능해서 활동에도 도움이 될 것 같았지요.

승준이는 서류를 준비하면서 앞으로 이끌어 갈 청소년 단체의 비전을 구체적으로 고민해 보았어요. 친구들과 머리를 맞댄 끝에 다음과 같은 비전을 세웠지요.

'청소년들이 차별 없이 모두가 꿈을 꾸고,
그 꿈을 실현시킬 수 있는 세상을 만드는 것!'

처음에는 단순히 또래 청소년들을 위해 다양한 직업인을 인터뷰하고 그 내용을 소개하면 좋겠다는 마음에 시작했지만, 청소년의 시선으로 세상과 소통하며, 우리의 작은 목소리가 세상을 변화시킬 수 있다는 큰 꿈을 꾸게 되었어요.

이런 간절한 마음을 품고 승준이는 비영리 임의 단체 등록을 위한 서류를 준비해서 세무서에 제출했어요. 긴장되는 심사 과정을 모두 거친 뒤, 마침내 청소년 단체 '꿈을 DREAM'의 고유 번호증이 발급되었고, 비영리 임의 단체로 공식적으로 설립이 되었답니다. 동아리였던 '꿈을 DREAM'이 이제 법적 단체로 인정된 거예요. 승준이는 가슴이 벅차오르고 두근거렸어요.

'그래, 앞으로 청소년 비영리 단체 '꿈을 DREAM'의 대표로서 더 책임

감과 자부심을 갖고 열심히 활동하자! 이승준, 파이팅!'

 ## 우리에게 드디어 투표권이 생겼어!

'꿈을 DREAM'이 설립되고 활동을 이어가던 어느 날, 청소년들에게 역사적인 순간이 찾아왔어요. '2020년 공직선거법 개정안'이 통과됨에 따라 선거 연령이 만 19세에서 만 18세로 낮아져 이제 만 18세 청소년도 선거권을 갖게 되었거든요.

"우아, 이제 성인이 되기도 전에 선거에 참여하게 되었구나. 우리도 더 이상 어린 학생이 아니라 민주 시민으로 인정을 받은 역사적인 날이야!"

반가운 소식에 승준이는 너무 기뻤어요. 선거권은 선거에 참가하여 투표할 수 있는 권리를 말해요. 이제 청소년도 선거에 참가해서 내 손으로 대통령이나 국회의원을 뽑을 수 있다는 뜻이에요. 아직 나는 성인이 아니니까 투표하기에 어리다고 생각하나요? 승준이는 오히려 선거 때마다 투표하는 어른들을 보면서 이렇게 생각하곤 했어요.

'나도 충분히 후보자별 공약들을 일일이 읽어 보고, 가장 도움이 될 것 같은 사람에게 투표할 수 있는데……. 청소년에게도 대통령이나 국회의원, 우리 지역의 시장을 직접 뽑을 수 있는 선거권을 주면 좋겠다.'

선거에 참가하여 투표를 할 수 있다는 것은 간접적으로 국정에 참여할 수 있는 참정권이 있다는 것을 의미해요. 참정권은 모든 국민의 권리랍니다. 하지만 그동안 OECD 국가 중에 선거 연령이 만 19세인 국가는 부끄럽게도 우리나라가 유일했어요. 이런 상황이 승준이는 참 답답했던 터라, 만 18세 선거권 통과 사실이 더욱 반갑고 기뻤어요. 이제야 청소년도 동료 시민으로 인정받는 기분이 들었어요.

'선거권 연령이 낮아졌다는 사실에 그치는 것이 아니라, 청소년들이 직접 관심을 가지고 투표하는 것이 더 중요해!'

승준이는 국회의원 선거를 앞두고 처음으로 투표에 참여하는 만 18세 청소년들이 소중한 한 표를 제대로 행사해야 만 18세 선거권 통과가 진정한 의미가 있다고 생각했어요. 그래서 승준이가 이끄는 청소년 단체 '꿈을 DREAM'에서는 '2020 제 21대 총선 투표 독려 캠페인'을 기획했어요. 투.알.못.(투표를 알지 못하는 청소년)을 위한 Q&A 콘텐츠와 투표의 중요성을 일깨워 주기 위한 참정권(=투표권)의 역사에 대한 카드 뉴스를 만들어서 배포했지요.

- 내가 올해 청소년 유권자에 해당하는지 알고 있나요?
- 선거하는 날은 언제인가요?
- 투표하러 갈 때 준비물은 무엇인가요?
- 올바른 투표 방법은 알고 있나요?

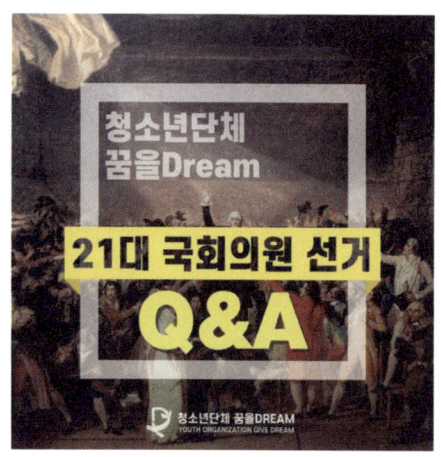

'꿈을 DREAM'이 제작한
선거 관련 카드 뉴스

 '국민이 응원하는 21대 총선'이라는 주제로 전국 각지의 50여 명 국민과 함께 청소년 유권자의 투표를 독려하는 응원 영상을 제작하기도 했어요. 특히 국회의원 후보자들에게 일일이 연락을 취해 청소년 유권자의 투표를 독려하는 응원 영상을 찍어 달라고 요청해서 영상에 담기도 했답니다.

 모든 콘텐츠의 디자인과 문장 하나하나에 선거법을 비롯한 다양한 법들에 저촉되지는 않는지 선거관리위원회에 사소한 부분들도 일일이 문의했고, 단체 내의 변호사 분들과도 밤낮없이 검토하고, 수정하기를 반복했어요.

 '우아, 진짜 역대급으로 힘든 캠페인 활동이다……. 그래도 이런 역할을 할 수 있는 우리 같은 단체가 있어 참 다행이야.'

 단체 멤버들은 대부분 학생이었고, 학업과 병행하다 보니 시간에 쫓겨

몸도 마음도 힘들었지만, 자부심을 갖고 힘을 냈어요.

그리고 마침내 D-DAY! 지금까지 투표 독려와 응원을 했으니 이제는 투표장에 가서 직접 투표하는 것이 중요하겠죠? 승준이는 떨리는 첫 투표를 하고, 투표소 앞에서 인증샷 이벤트까지 함으로써 만 18세 청소년 투표 독려 캠페인을 잘 마쳤답니다.

캠페인을 운영하면서 승준이는 도산 안창호 선생님의 말씀을 떠올렸어요.

"참여하는 사람은 주인이요, 참여하지 않는 사람은 손님이다."

승준이는 청소년들이 우리나라의 손님이 아니라, 주인이 되어 시민으로 대우받고 존중받는 나라를 되기를 꿈꾸며 바로 다음 프로젝트를 준비하기 시작했어요.

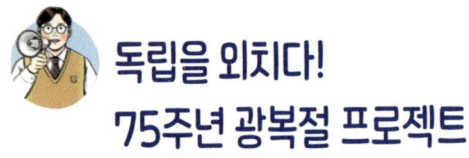

독립을 외치다!
75주년 광복절 프로젝트

　광복절이 다가왔어요. 승준이는 광복절을 맞이하여 '꿈을 DREAM'에서 어떤 프로젝트를 기획하면 좋을지 고민하다가 문득 부끄러움을 느꼈어요. 그저 교과서를 통해 달달 외우는 역사였을 뿐, 광복절에 대해 제대로 아는 바가 없었거든요. 승준이는 광복절과 독립에 관한 자료를 찾아가며 열심히 공부하기 시작했어요.
　"헉, 벌써 광복 75주년이나 됐잖아?"
　2020년 8월 15일은 75주년 광복절이었어요. 승준이는 이 사실에 대해 친구들과 대화를 나누었어요.
　"얘들아, 올해 광복절 몇 주년인 줄 알아?"
　"몰라, 관심 없어."
　"관심이 없다고? 궁금하지 않아?"
　"글쎄, 별로……. 그걸 꼭 알아야 하냐?"
　친구들도 역사에 관심이 많이 있으리라 기대했는데, 예상치 못한 반응이 돌아왔어요. 승준이는 이를 계기로 또 다른 꿈이 생겼어요.
　'청소년들이 자랑스러운 우리의 역사에 관심을 가질 수 있으면 좋겠다. 좋은 아이디어가 없을까?'
　승준이는 단체 멤버들과 함께 고민을 시작했고, 마침내 한 가지 기획 아이디어를 내놓았어요.

"독립 유공자 분들에게 감사 편지를 써서 전달하는 건 어떨까?"

"좋아, 멋진 생각이야!"

승준이는 생각을 곧장 실행에 옮기기로 했어요. 일명 '독립을 외치다, 75주년 광복절 프로젝트'예요. 편지와 플래시몹, 카드 뉴스 등 청소년들이 직접 참여해서 함께 즐길 수 있는 내용으로 프로젝트를 구상했어요. 이를 현실로 만들려면 예산이 필요해서 승준이는 사업 계획서를 만들고 프로젝트에 필요한 물품과 지원해 줄 기관들을 찾아다니기 시작했어요. 하지만 준비 기간이 짧았던 터라 많은 많은 기관들은 부담스러워하며 거절했어요. 하지만 승준이는 좌절하지 않았어요. 이번에는 편지지와 우표 지원을 받기 위해 한국우편사업진흥원에 전화를 걸었어요.

"안녕하세요? 청소년 단체 '꿈을 DREAM'의 이승준 대표입니다. 이번에 75주년 광복절을 기념해서 '독립을 외치다' 프로젝트를 진행할 예정인데, 프로젝트 중 청소년들이 편지를 작성해서 독립 유공자나 후손들에게 전달하는 행사가 있어요. 혹시 편지지와 우표 지원이 가능할까요?"

겉으로는 당당하게 이야기했지만, 사실 승준이는 속으로 엄청 떨고 있었어요. '제발 지원해 주시면 좋겠다.'라는 감정과 '이번에도 안 되면 어떡하지?'라는 감정들이 복합적으로 승준이를 불안하게 만들었어요.

잠시 후, 전화기 너머로 상냥한 목소리가 들려왔어요.

"너무 좋은 프로젝트 제안해 주셔서 감사합니다. 지원하고 싶은데 혹

'꿈을 DREAM'이 진행한
광복 75주년 행사 포스터

시 관련 내용을 메일로 받아 볼 수 있을까요?"

"우아, 정말이요? 네! 감사합니다!"

한국우편사업진흥원은 광복절 프로젝트 중 가장 큰 행사였던 '독립 유공자에게 희망 편지 쓰기'를 위해 편지지와 기념 우표, 인쇄비 지원을 포함해서 프로젝트가 원활하게 운영될 수 있도록 전반적인 지원과 활동을 함께 해 주었어요. 이외에도 많은 기관과 사람들이 협력해 준 덕분에 75주년 광복절 프로젝트에는 7개국의 1,000여 명이 넘는 청소년들과 15개가 넘는 기관을 비롯한 많은 시민이 참여했어요. 600여 명의 청소년이 독립 유공자에게 직접 편지를 썼고, 인천광역시청과 연합하여 인천에 거주하는 독립 유공자 분들에게 모두 보내 드렸어요.

그리고 행사가 끝난 어느 날, 독립 유공자 한 분에게서 답장이 왔어요.

"우리를 잊지 않고 기억해 줘서 정말 고맙다.
그동안의 힘듦이 편지 한 줄 한 줄을 읽으며
다 사라지고 보상받는 것 같구나……."

한 자 한 자 꾹꾹 눌러 쓴 편지를 읽으며 승준이는 프로젝트를 진행하던 과정이 떠올라 가슴이 벅차올랐어요. 멤버들과 함께 준비하고, 운영하고, 정리하는 4개월이 누군가에게는 위로가 되었고, 누군가에게는 자랑스러운 역사에 대한 관심이 되었다는 사실이 새삼 느껴졌지요.

 ## 승준이가 쏘아 올린 작은 공

2018년에 승준이 한 명으로 시작한 청소년 단체 '꿈을 DREAM'은 이제 해외 7개국에서 200여 명의 단원이 참여하는 커다란 단체가 되었어요. 청소년들이 직접 기획하여 역사 바로 알기, 소외 계층을 위한 자원봉사, 다문화 가정을 위한 나눔 행사, 마을 지원 사업 등 각종 프로젝트를 운영해 나갔답니다. 승준이 혼자서는 결코 할 수 없는 일이에요. 같은 공감대를 가진 친구들과 함께 협력했기에 가능했어요. 친구들과 함께 나눈 대화나 제안한 아이디어들을 눈에 보이는 실체로 만드는 일이 승준이는 너무 즐겁고 재미있었어요. 특히 청소년의 시선에서 직접 기획한 일들이 누군가에게, 더 나아가 세상에 도움을 줄 수 있다는 사실에 성취

감과 보람을 느꼈어요.

　물론 활동에 어려움도 많았어요. 아무래도 학생이다 보니 학업과 학교, 단체 활동 일정들이 겹쳐서 중간에서 곤란한 일들이 생기곤 했어요.

"승준아, 미안한데 나 이번 회의는 학원 때문에 못 갈 것 같아."

"혹시 활동에 참가하면 봉사 시간 받을 수 있나요? 생활 기록부에 반영되나요?"

　이런 활동들을 그저 스펙과 봉사 시간을 위한 단기간의 이벤트로 생각하는 친구들이 많아 안타까웠어요. 아이들뿐만이 아니에요. 때로는 어른들이 걱정스러운 시선으로 바라보기도 했어요.

"지금은 학생 신분이니 학업에 좀 더 집중하고, 나중에 어른이 돼서 해도 늦지 않아."

"공부할 시간도 부족할 텐데, 그렇게 딴짓을 하면 도대체 공부는 언제 하니?"

　하지만 승준이는 왜 어른이 될 때까지 기다려야 하는지 묻고 싶어요. 공부 이외의 활동이 딴짓이라고도 생각하지 않아요. 승준이에게는 활동 경험들이 또래 청소년들과 함께 협력하면서 직접 부딪히고 자신의 존재 가치를 발견하는 과정이었거든요. 승준이와 친구들은 지금 꿈을 실현하는 중이에요. 기왕이면 나의 활동이 누군가에게, 세상에도 도움이 되면 좋겠다는 마음으로 즐겁게 활동했더니, 오히려 봉사 시간이나 스펙은 그저 자연스럽게 따라오는 덤이었답니다.

★

　우리는 살아가면서 무수히 많은 우연한 상황에 마주치게 됩니다. 수많은 우연 중 자신의 노력에 따라 긍정적으로 작용하는 경우를 '계획된 우연'이라고 해요. 우연한 사건들이 결국 여러분의 꿈과 진로를 선택하는 데 중요한 역할을 한다는 이론이에요.

　승준이도 처음에는 여름 방학 과제로 우연히 하게 된 직업인 인터뷰가 활동의 시작이었답니다. 여러 시도를 해 보면서 만나는 우연들은 나의 적성에 맞는 진로를 찾는데도 도움이 됩니다. 승준이처럼 청소년 단체나 동아리를 직접 만들 수도 있고, 이미 만들어진 활동에 가입해서 멤버로 함께 활동할 수도 있어요. 여러분이 스스로 선택한 그 활동 안에 주도적으로 계획하고 자발적으로 참여해 보세요. 평소에 내가 학교에서, 또는 학교 밖에서 활동하면서 흥미 있거나 성취감을 느꼈던 일들이 있을 거예요. 여러분이 꿈꾸는 일을 직접 기획하고 행동으로 옮기다 보면 우연한 계기들이 나에게 생각지 못한 좋은 기회를 가져다줄 수 있답니다. 세상은 가치 있는 일에 먼저 행동하는 사람을 원하거든요.

　매순간 여러분 앞에 나타나는 우연한 상황 앞에 두려워하지 말고, 주도적으로 시도해 보세요. 직접 해 보는 것과 하지 않는 것에는 매우 큰 차이가 있답니다. 여러분을 보고 누군가는 용기를 내고 함께 시작할 수 있을 거예요. 승준이가 쏘아 올린 작은 공처럼 말이죠.

생각이 쑥쑥 자라는 '자기 주도성' 이야기

⭐ '자기 주도성'이 뭐예요?

> **• 자기 주도성이란?**
> 자신이 주체가 되어 자신의 일을 이끌어 나가는 것을 말해요. 자기 주도성의 핵심은 바로 누가 시키지 않아도 '스스로' 하는 것이랍니다.

내 삶의 주인은 바로 '나'예요. 자기 주도성을 갖고 스스로 무언가를 할 수 있는 기회를 나 자신에게 많이 만들어 주세요. 이런 작은 경험들이 쌓여 자신의 인생을 스스로 설계하고 결정하는 법을 배울 수 있답니다.

⭐ 자기 주도성이 왜 중요한가요?

병아리와 계란프라이의 차이점은 무엇일까요? 스스로 알을 깨고 나오면 생명을 가진 한 마리의 병아리가 되지만, 남이 달걀을 깨 주면 결국 계란프라이가 되고 말아요. 여기서 포인트는 바로 '누가 알을 깨 주느냐'예요. 우리의 인생도 마찬가지랍니다. 내 인생을 부모님이나 친구 등 누군가가 깨 주기만을 막연하게 기다리는 것이 아니라, 누가 시키지 않아도 내 힘으로 깨고 나와야 내 인생을 주도적으로 이끌며 살아갈 수 있어요.

⭐ 청소년의 자기 주도 활동에는 어떤 것이 있을까요?

누가 시키지 않아도 스스로 내 꿈을 위해 진로를 탐색하고, 내가 해 보고 싶은 일들을 주도적으로 설계하는 모든 것이 주도성을 기르는 활동이랍니다.

- 학교에서 비슷한 관심사나 흥미를 가진 청소년들이 스스로 모여 이끄는 동아리 활동
- 나이, 학교, 성별, 지역에 상관없는 청소년 단체를 통한 자발적인 활동
- 지역의 다양한 문제 해결을 위한 프로젝트 참여 활동

내 인생을 스스로 설계해 보세요!

우리가 직접 만드는 청소년 정책!

청소년을 위한 정책을 제안하는
청소년특별회의 14대 전국 의장, 김지윤

우리가 직접 제안하는 정책이
내가 살고 있는 사회를
더 살기 좋게 만들 수 있다니
정말 가치 있고 멋지지 않나요?

 우연을 가장해 찾아온 운명

고등학교 2학년이 된 지윤이는 걱정 가득한 얼굴로 한숨을 쉬었어요.

'하아……. 벌써 고등학교 2학년인데 생활 기록부에 쓸 내용이 왜 이렇게 없지? 조금 어릴 때부터 다양한 활동들을 많이 해 볼걸 그랬어. 무의미하게 낭비한 시간들이 너무 아깝고 아쉽다.'

지윤이의 장래희망은 '외교관'이었어요. 그 꿈에 큰 이유는 없었어요. 그저 어릴 때 "저는 외교관이 될 거예요!"라는 말에 기뻐하시던 부모님을 보는 게 좋았거든요.

딱히 간절한 꿈이 있는 것도 아니고, 특별히 좋아하는 분야가 있는 것도 아니었어요. 그저 입시를 앞둔 평범한 대한민국 수험생처럼 생활 기록부에 한 줄 채우기 위한 대외 활동을 찾고 있었을 뿐이에요.

고민하던 그때, 모집 안내문 하나가 지윤이 눈에 들어왔어요.

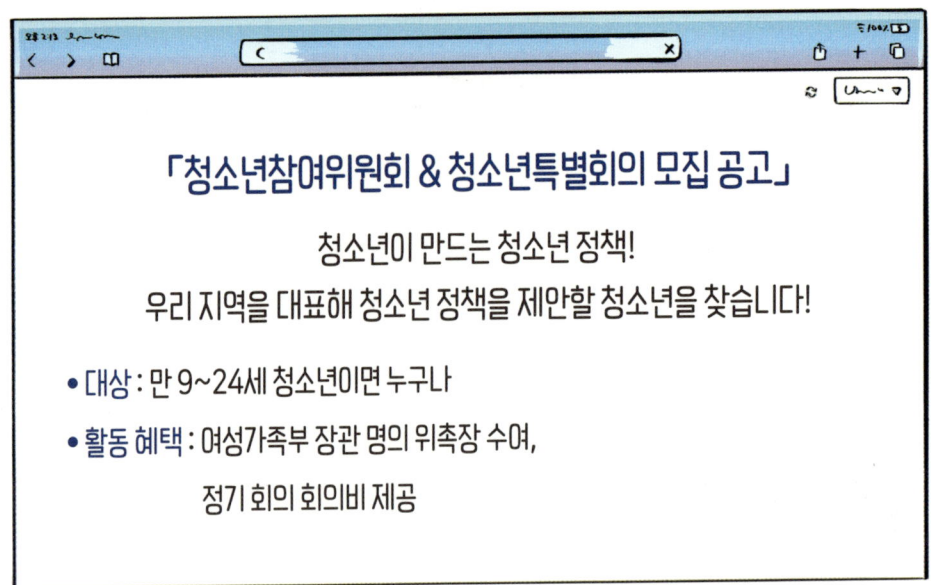

 '청소년참여위원회? 특별회의? 이게 무슨 활동이지?'
 청소년참여위원회나 청소년특별회의는 청소년들이 직접 정책을 발굴하고 제안해서 직접 국가나 지자체의 정책을 만드는 과정에 참여할 수 있도록 만든 법적 청소년 참여 기구랍니다. 정책이란 공공의 문제를 해결하기 위해 정부적 차원에서 결정하고 시행하는 방침들을 가리켜요. 그러나 당시에 지윤이는 이 활동이 대체 뭘 하는 건지, 어떻게 하는 건지 알 길이 없었어요. 하지만 일단 여성가족부 활동이라니 입시에 도움이 될 것 같다는 확신에 지원서를 작성했지요.
 그리고 별 기대 없이 시간을 보내던 어느 날, 지윤이는 청소년특별회의 합격자 명단에서 자신의 이름을 발견했어요. 기쁘기도 하고 얼떨떨하기도 했지만 기왕 합격했으니 의지가 불타올랐어요.

"우아, 신난다! 뭔지는 몰라도 일단 열심히 해 보자."

운명은 늘 우연을 가장해 찾아온다는 말처럼, 사소한 그날의 선택이 지윤이의 인생에서 가장 큰 변화를 가져다주었답니다.

청소년특별회의에 함께할 선생님과 친구들과의 첫 만남 시간이 찾아왔어요. 선생님이 활동에 대해 설명해 주셨어요.

"청소년특별회의는 청소년 여러분의 시각에서 청소년이 바라는 정책 과제를 발굴하여 정부에 제안하는 정책 참여 기구입니다. 청소년특별회의 위원 여러분과 청소년 분야 전문가가 참여하여 해마다 특별회의가 개최되고 있습니다. 전국 각 지역의 청소년들을 대표해 이 자리에 참석한 여러분이 청소년들의 목소리를 잘 담아 좋은 청소년 정책을 제안해 주기를 기대하겠습니다."

단순히 생활 기록부에 한 줄 쌓으려고 지원한 지윤이는 설명을 들을수록 빠져드는 기분이었어요. 청소년을 직접 대표한다는 것도, 정책을 만들어서 정부에 제안한다는 것도 아주 중요한 역할인 것 같아 자부심과 책임감이 샘솟았어요. 전국 각지에서 모인 다양한 나이의 청소년을 만나니 마치 수학여행을 온 것처럼 재미있었어요.

그중에서도 지윤이의 눈이 가장 또렷하게 빛났던 순간은 정책에 대해 알아보고 정책 제안을 하는 방법을 이해하는 정책 교육 시간이었어요.

"정책이란 정부 또는 지방 자치 단체, 공공 기관이 국민과 공공의 이익을 달성하고, 문제점을 해결하기 위해 마련한 행동 지침을 말해요. 쉽게 말하자면 해결 방법이라고 할 수 있어요. 여러분도 평소에 학교를 다니면서, 우리 동네에 살면서 가졌던 불만이나 불편한 점들이 있지요? 그런 문제점들을 해결하기 위해 여러분들이 생각하는 해결책들을 뭐든 자유롭게 적어 보세요. 그게 곧 정책 제안서가 될 겁니다. 여러분들이 곧 세상을 바꾸는 청소년 대표라는 사실을 기억하세요."

이 말을 듣는 순간, 지윤이의 마음속 깊숙한 곳에서 작은 불꽃이 피어올랐어요. 한 번도 들어 본 적 없는 말이었거든요. 그동안 정책은 어른들의 이야기일 뿐 청소년인 나와는 거리가 먼 이야기라고 생각했어요.

'우리가 제안하는 정책이 내가 살고 있는 사회를 더 살기 좋게 만들 수 있다고? 그래, 나도 한번 해 보는 거야!'

하고 싶은 것도, 좋아하는 것도, 꿈도 없던 지윤이의 눈빛이 반짝반짝 빛나기 시작했어요.

 내 목소리가 담긴 첫 번째 정책

해마다 청소년특별회의에서는 청소년들이 어떤 정책을 원하는지 조사하고 주제를 정해요. 이번에는 '어떻게 하면 청소년이 역사에 관심을 많이 갖고 쉽게 이해할 수 있을까?'라는 주제로 청소년특별회의 친구들과 함께 정책을 만들기로 했어요.

지윤이는 정책 제안서를 쓰기 위해 컴퓨터 앞에 앉았어요. 하지만 막상 정책 제안을 하려고 하니 뭐부터 시작해야 할지 막막했어요.

'아, 맞다! 정책을 제안하는 단계가 있었지. 단계별로 하나씩 천천히 시작해 보자.'

지윤이는 정책 교육 시간에 배운 정책 제안 방법을 떠올렸어요.

1단계	상황 진단 및 문제 의식 도출 (제안 배경) : 무엇이, 왜 문제인가?
2단계	정책 아이디어 도출 (세부 정책 과제) : 어떻게 해결할 것인가?
3단계	정책 제안서 구체화하기 : 어떻게 하면 더 잘 해결할 수 있을까?
4단계	실행 계획을 실천해 보고, 지지를 얻어내 보기

정책을 제안하기 위해서는 가장 먼저 우리 주변의 문제점을 인식하는 것부터 시작해요. 정책이라고 해서 무조건 대단하거나 거창한 것만 있는 게 아니에요. 평소에 학교나 내가 살고 있는 지역 사회, 일상 속에서 느끼는 사소한 불편함을 찾고 해결하려는 마음에서 정책이 시작되지요.

쉽게 말하자면, 정책 제안이란 곧 '지금 시행 중인 기존 정책에 문제가 있으니 고쳐 달라.'라는 요구 혹은 '우리의 삶을 더욱 편리하게 만들 수 있는 새로운 정책을 만들어 달라.'라고 요구하는 피드백이라고 할 수 있어요.

지역 대표가 된 지윤이는 혼자 고민할 것이 아니라 다른 청소년 위원들과 함께 정책을 의논하기 위해 회의를 열었어요.

"자, 이번 주제는 '역사'입니다. 역사에 관련된 어떤 정책을 내면 좋을지 말씀해 주세요."

"우리 고장의 역사를 배우는 프로그램은 어떨까요? 우리가 살고 있는 곳이니까 흥미를 가질 수 있을 것 같아요."

"역사는 나쁜 일을 반복하지 않기 위해서 배우는 것이라고 생각합니다. 이미 반복이 되었던 역사를 서로 묶어서 공부한다면 청소년들도 좋아할 것 같아요."

위원들이 다양한 의견을 발표했어요. 경청하는 동안 지윤이는 역사를 배우면서 청소년들이 느끼는 불편한 공통점을 하나 발견했어요.

'어느 학교에서든 역사 수업 시간이 있고, 모두가 역사를 배우고 있는데, 왜 청소년들은 여전히 역사에 대해 잘 모르고 있을까?'

사실 이유는 간단했어요. 우리의 역사는 배우는 게 아니라, 외우는 거였으니까요. 학교에서 역사를 공부하는 방식은 대부분 비슷했어요. 선생님이 교과서를 읽고 중요하다고 하는, 즉 시험에 나온다는 부분을 말씀해 주시면 우리는 그 위에 형광펜 칠을 반복했어요. 지도 위에서 몇 세기에 고구려가 얼마나 정복했는지, 백제가 얼마나 정복했는지를 색칠했죠. 어른들은 역사를 아는 게 중요하니 청소년들이 더 많이 역사를 공부해야 한다고 말했지만, 교과서의 글을 줄줄 외우기만 하는 건 너무 힘들고 지루한 일이었어요. 그래서 지윤이는 위원들에게 의견을 제안했어요.

"저는 청소년들이 역사를 공부하고 시험을 치고 나서도 머릿속에 남는 게 중요하다고 생각해요. 하지만 지금의 역사 공부는 시험을 위해 잠깐 외우고 마는 암기 과목으로 인식되어 있어요. 역사가 암기 과목이 아니라 이해하는 과목이 될 수 있도록 좀 더 쉽고 즐겁게 공부할 수 있는 정책적인 지원이 있다면 좋을 것 같은데 여러분 생각은 어떠세요?"

지윤이의 말에 다른 위원들도 모두 고개를 끄덕였어요. 다들 고구려, 백제, 신라의 유물을 잔뜩 외우고는 시험이 끝나면 전부 까먹어 버린 경험이 있었거든요.

'어떻게 하면 역사를 외우지 않아도 이해하며 배울 수 있을까? 쉽고 재미있는 공부 방법이 분명 있을 텐데……'

몇날 며칠을 고민하며 검색을 하던 지윤이는 우연히 프랑스에서는 역사 시간에 학생들의 흥미 유발을 위해 '역사의 집'이라는 인터렉티브(쌍방향) 지도를 사용한다는 것을 발견했어요. 그러다 번뜩 드는 생각에 고개를 들었죠.

"맞아, 예전에 지리 수업을 하면서 구글 어스 지도를 사용한 적이 있었지!"

구글 어스 지도는 전 세계의 모습을 3차원으로 보여 주는 지도예요. 도시의 모습도, 산의 모습도 3차원으로 볼 수 있죠.

당시 지리 수업을 그렇게 좋아하지 않았던 지윤이였지만 선생님이 구글 어스를 통해 생생하게 지질의 모양과 바다의 모습을 보여 주실 때면 금세 집중하곤 했어요.

'구글 어스'를 통해서 내려다 본 서울 한강의 모습

'나도 처음에는 지리 수업을 좋아하지 않았는데도 3차원 지도를 보면서 공부하니 아주 재미있었지. 혹시 역사 수업에도 이걸 적용해 보면 어떨까?'

아이디어의 실마리를 얻은 지윤이는 혹시 비슷한 정책이 이미 있는 것은 아닌지 찾기 시작했어요. 정책 아이디어를 본격적으로 구체화하기 전에 해당 정책이 이미 시행되고 있지는 않은지, 혹은 이미 제안된 적이 있는지를 확인해 정책이 중복되지 않도록 해야 하거든요.

때마침 국토교통부에서 '브이월드'라는 이름의 비슷한 3차원 지도 서비스를 만들고 있다는 것을 발견했어요.

'좋았어! 이 지도를 활용해서 역사를 배울 수 있는 프로그램을 만들어 달라고 제안해 보는 거야!'

 ## 우리가 만든 정책이 실행되기까지

지윤이는 자신의 정책 아이디어를 정리해서 다른 위원들에게 소개했어요.

"제가 제안하는 것은 '3D 역사 교육 프로그램 활성화'를 위한 정책입니다. 지금 우리가 역사를 배우는 방식은 너무 지루하고 재미가 없다고 생각해요. 하지만 3D지도를 보면서 그 장소에서 어떤 일이 일어났는지 역사적 장소를 눈으로 볼 수 있다면 선생님들도 이용하기 편하고 우리도 재미있는 수업이 될 수 있을 거예요."

지윤이의 정책 제안서를 꼼꼼하게 읽던 위원들은 저마다 좋은 아이디어를 내기 시작했어요.

"지도에 나와 있는 문화재를 클릭하면 작은 정보가 나오도록 하는 것은 어떨까요? 문화재청 사이트가 연결될 수 있도록 해도 좋을 것 같아요."

"브이월드를 인터넷에서 접속하면 너무 속도가 느려요. 프로그램으로 만들어서 학교에서 학급별로 컴퓨터에 설치할 수 있으면 좋겠어요."

지윤이를 중심으로 위원들과 회의를 통해 하나의 정책 제안서를 완성해 나갔어요. 그렇게 완성된 정책 제안서는 청소년특별회의 대표 정책이 되었고, 청소년의 시각으로 본 참신한 정책으로 평가되어 담당 부처와 각종 언론에서도 인정을 받았답니다.

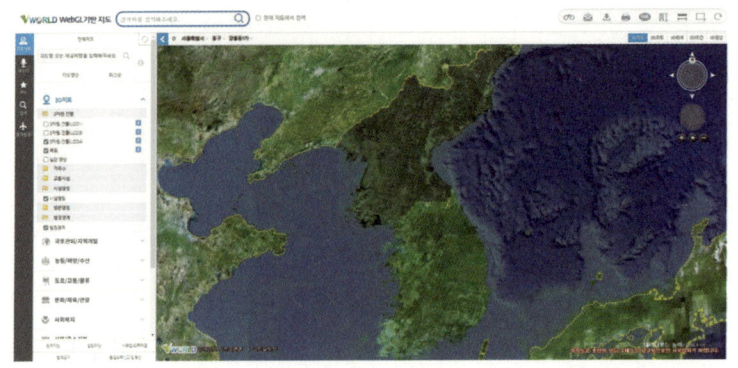

'브이월드'의 메인 화면

무엇보다 국토부는 기존 공간 정보 오픈 플랫폼(브이월드, V-world) 지도 서비스를 역사 교육에 활용할 수 있도록 내용을 반영하겠다고 긍정적인 피드백을 주었어요.

'우아, 내가 제안한 정책이 실제로 반영이 되다니! 아직 어린 우리가 직접 우리를 위한 정책을 만드는 역할을 할 수 있구나!'

지윤이는 난생 처음 가슴이 벅차오르는 감정을 느꼈어요. 정책 제안서를 쓰는 동안 지윤이는 어른들에게 의존하는 무력한 학생이 아니라, 무엇이든 해결할 수 있는 주인공이 된 기분이었어요.

게다가 청소년특별회의 활동을 하면서 지윤이는 몰랐던 자신의 재능과 강점도 발견하게 되었어요. 자신이 정책에 대해 관심도 많고, 정책을 좋아한다는 사실을 말이죠.

처음에는 생소하고 어려웠던 정책이 언제부턴가 세상을 이해하고 배워 나가는 과정이자 수단이 되었어요. 그 과정을 겪으며 최선의 해결 방법을 도출해 낼 때의 그 기쁨은 지윤이가 정책을 통해 배운 가장 큰 선물이랍니다.

 참여하는 청소년, 변화의 울림이 되다

어느새 입에서 김이 모락모락 나는 겨울이 찾아왔어요. 고3 수험 생활의 끝을 알리는 대망의 수능 시험 날, 많은 학생들이 시험장으로 들어섰고, 그 가운데 지윤이도 있었어요.

자리에 앉은 지윤이는 긴장 가득한 얼굴로 교실을 둘러보았어요. 문득, 지난 5월에 있었던 일이 떠올랐지요.

"네가 원해서 써 주긴 하겠다만……. 어떤 고3이 이 중요한 시기에 대외 활동을 하니? 그냥 대학에 간 다음에 하면 안 될까?"

"선생님, 이건 그냥 대외 활동이 아니라 제 꿈이에요, 꿈! 저 활동도, 공부도 둘 다 잘할 수 있어요. 정말 꼭 하고 싶어서 그래요."

학교장 추천서를 손에 꼭 쥐고 교무실을 나왔던 지윤이는 다짐했어요. 꼭 잘 해내겠다고 말이죠.

고3이 된 지윤이가 특별회의에 다시 지원하겠다고 했을 때 담임선생님도, 부모님도 모두 걱정스러운 표정으로 지윤이를 말렸어요. 시간을 많이 뺏길까 봐 걱정을 하셨지요.

그럴 때마다 지윤이는 잘할 수 있다고 당당하게 말해요.

'처음에는 스펙을 쌓으려고 시작한 활동이지만, 이제는 정책에 대해서 더 많이 배우고 싶어. 내가 좋아하는 거니까, 난 나를 믿을 거야.'

지윤이에게 특별회의는 꿈을 잊지 않게 해 주는 활동이었어요. 회의에 참석할 때마다 정책이 얼마나 재밌는지 알 수 있었으니까요. 때론 지쳐서 공부하기 싫어지더라도, 다시 마음을 다잡게 해 주었어요.

'앞으로 더 좋은 정책을 제안하려면 좋은 교수님들을 만나서 더 많이 배워야 해. 그러니 공부도 열심히 해서 좋은 대학에 갈 거야. 나는 할 수 있어.'

때론 학생이 학교에 다닐 시기엔 공부를 해야지 정책에 대해 뭘 아느냐며 편견 어린 시선으로 바라보는 어른들도 있었어요. 하지만 지윤이는 더 이상 그런 말들은 신경 쓰지 않아요. 나의 고민과 생각이 모여 사회의 목소리가 되고 세상을 바꾸는 모습을 자신의 눈으로 직접 보고 확인했으니까요.

지윤이는 오히려 자신의 꿈을 위해 더 열심히 공부했고, 사람들의 우려와 달리 청소년특별회의 활동을 하면서도 원하던 대학에 당당히 합격해서 두 마리 토끼를 다 잡을 수 있었어요.

정책에 대한 열정과 끊임없는 노력 덕분에 대학생이 된 지윤이는 청소년특별회의 14대 전국 의장이 되었고, 더 많은 청소년이 사회 문제에 관심을 갖고 당당히 자신의 목소리를 낼 수 있는 대한민국을 꿈꾸고 있답니다.

"아동은 자신에게 영향을 미치는 모든 문제에 대해
자신의 의견을 말할 권리가 있다."
- UN아동권리협약(1989년) 제12조 -

  이 협약은 아직 어린 나이인 여러분도 충분히 자신과 관련된 일에 참여하고 의견을 말할 권리가 있다는 것을 의미해요. 여러분은 우리 사회의 구성원이자 시민으로서 권리와 책임이 있답니다.

  시민은 '참여'하는 사람을 말해요. 나와 아주 가까운 일상과 주변에 대해 관심을 갖고 자신의 생각과 의견을 표현하는 것, 친구들과 함께 뉴스에 나오는 사회 문제에 대해 이야기를 해 보는 것, 인터넷 기사나 SNS 글을 보며 공감하거나 지지하는 것 등 나를 둘러싸고 있는 것들에 대한 작은 관심이 참여의 시작이랍니다. 더 나아가 내가 다니고 있는 학교, 내가 살고 있는 우리나라의 다양한 정책에도 관심을 가져 보세요. 아마, 세상이 다르게 보일 거예요.

  나이가 어리다고 여러분들이 참여할 기회를 놓쳐서는 안 되겠죠. 아직 서툴러도 실패해도 괜찮아요. 많이 시도해 보고 경험하는 과정 속에 여러분은 성숙한 시민으로 성장할 수 있을 거예요. 세상은 여러분의 목소리를 기다리고 있답니다. 여러분의 목소리를 들려주세요!

생각이 쑥쑥 자라는 '정책 제안' 이야기

⭐ 우리도 정책 과정에 참여할 수 있어요!

청소년이 직접 청소년 관련 정책을 제안하고 정책 과정에 참여할 수 있도록 법적 근거로 운영되는 청소년 참여 기구에는 청소년특별회의, 청소년참여위원회, 청소년운영위원회가 있어요.

구분	정책 제안 범위	내용	법적 근거
청소년 특별회의	범정부적	청소년 및 청소년 분야 전문가가 참여하여 범정부적 차원의 청소년 정책 과제를 발굴하고 제안하는 전국 단위의 회의체	청소년기본법 제12조
청소년 참여위원회	시·도, 시·군·구	국가 및 지방 자치 단체가 청소년 관련 정책 수립과 시행 과정에 청소년의 의견을 수렴하고 참여를 촉진하기 위하여 운영하는 참여 기구	청소년기본법 제5조의2
청소년 운영위원회	청소년 수련 시설 (청소년 수련관, 청소년 문화의집)	청소년 수련 시설의 시설 운영 및 프로그램 등의 자문, 평가에 청소년이 직접 참여할 수 있는 참여 기구	청소년활동진흥법 제4조

(출처 : 청소년 참여 활동 안내서 〈나의 참여 메이트(2020, 한국 청소년 활동 진흥원)〉)

⭐ 청소년 참여 기구 참여 방법 Q&A

Q 전국 단위의 정책 제안 활동을 하는 청소년특별회의가 궁금하다면?
A 청소년 참여 포털(https://www.youth.go.kr/ywith)을 방문해 보세요.

Q 우리 지역의 정책 제안 과정에 참여하고 싶다면?
A 우리 시·군·구의 청소년참여위원회·청소년 의회 활동을 찾아보세요.

Q 우리 지역 청소년 수련관 및 문화의 집을 청소년이 주인이 되는 시설로 만들고 싶다면?
A 가까운 청소년 수련 시설에 문의하거나 홈페이지에서 청소년운영위원회 모집 방법을 알아볼 수 있어요.

⭐ 정책 제안, 이런 방법도 있어요!

1. 어린이·청소년 의회와 청소년 참여 예산제
각 지방 자치 단체를 대표하는 청소년으로서 청소년에 대한 정책, 사업, 프로그램에 대한 의견을 제안하거나, 청소년들이 제안한 실현 가능한 의제를 채택해서 직접 예산 편성에 참여할 수 있도록 실질적인 권한을 부여하는 제도

2. 청소년 정책 제안 대회
각 지자체에서 청소년의 의견이 담긴 청소년 정책을 수립하기 위해 개최하는 대회

3. 온라인 정책 제안 시스템 (https://www.youth.go.kr/ywith)
만 9세~24세의 청소년이라면 누구나 정책 의견을 제안할 수 있는 온라인 정책 시스템

4. 국민생각함 청소년·청년 아이디어 공모전 (https://www.epeople.go.kr/idea)
청소년과 청년들의 시각으로 정부 정책, 행정 제도에 대한 개선 방안과 공공 문제의 해결 방안을 함께 생각해 보는 아이디어 공모전

평소 뉴스나 기사를 보며 사회 문제에 대한 나의 의견을 표현해 보세요!

 에필로그

나를 믿는 마음, 그거 하나면 돼요

독자 여러분, 일곱 명의 책 속 주인공들을 잘 만나 보았나요? '나도 좀 더 나은 세상을 위해 무언가 해 보고 싶고, 누군가에게 도움이 되고 싶다' 하는 마음이 꿈틀거리고 있지는 않나요?

지금 이 책의 마지막 장을 읽는 것만으로도 여러분은 이미 또 다른 변화를 만들어 갈 준비가 되었답니다. 이 책을 끝까지 읽은 여러분에게 칭찬과 축하의 박수를 보냅니다!

앞으로 우리들은 어떤 시대를 살아가게 될까요?

여러분은 부모님이나 선생님 같은 어른들이 한 번도 살아 보지 못한 세상에서 살게 될 것입니다. 4차 산업 혁명 시대, 포스트 코로나 시대, 게다가 교육의 변화까지……. 세상은 아주 빠르게 변하고 있거든요. 알 수 없는 미래가 불안해 보일 수도 있지만, 오히려 여러분에게는 무엇이든 시도할 수 있는 무한한 가능성의 시대일지도 모르죠.

그렇다면 우리는 어떤 준비를 해야 할까요? 이 물음에 대한 해답을 찾기 위해 끊임없이 고민하고 공부하며 이 책을 집필했습니다.

저는 열두 살, 아홉 살 사랑스러운 두 딸의 엄마입니다. 10년 넘게 현장에서 청소년들을 만나고 있는 꿈쌤이지만, 내 자녀 앞에서는 어느 부모처럼 걱정도 많고 서툴기만 한 초등맘이지요. 두 아이의 엄마이자 청소년지도사로서 한 가지 바람이 있다면, 여러분이 자기 삶의 주인으로 스스로 내 인생을 설계하며 행복하게 성장했으면 좋겠어요. 인생의 골든 타임이라고 할 수 있는 10대 시기는 대학 진학을 위한 공부뿐만 아니라, 앞으로 펼쳐질 더 큰 세상에서 살아가기 위한 '진짜 공부'를 시작할 때이기도 합니다.

오늘날 여러분에게 필요한 것은 단순한 주입식 교육으로 얻는 지식이 아니에요. 시험을 위해 잠시 암기했다가 까먹어 버리는 단편적인 지식이 아니라, 스스로 호기심과 의지를 가지고 학습하는 경험이 필요하지요. 빠르게 변화하는 세상 속에서 마주치는 다양한 문제를 스스로 탐구하고 해결해 나가는 과정이야말로 앞으로 여러분의 삶에 있어 가장 중요한 지식이 될 거예요. 더불어, 그로 인해 여러분이 좀 더 나은 세상을 만드는 데 기여하고, 타인에게 선한 영향력을 미칠 수 있다면, 그것이야말로 여러분에게 가장 가치 있는 재산이자 보물이 되리라고 믿어요.

오랜 시간 수많은 청소년들과 함께 활동을 하면서 깨달은 점이 있어요. 10대 청소년들은 어른들이 생각하는 것만큼 어리지 않다는 사실입니다. 오히려 어른들보다 훨씬 더 창의적이고 기발한 아이디어와 열정으로 세상을 놀라게 하지요. 그러니 어리다는 세상의 편견 앞에 주눅 들지 말고, 나 자신을 조금 더 믿고 응원해 주면 어떨까요?

나도 할 수 있어요! 누군가에게 도움이 되고 싶다는 따뜻한 마음으로 주변의 문제에 관심을 갖고 그 문제를 해결하기 위해 직접 행동하다 보면, 나조차도 몰랐던 재능과 취향을 발견하게 될 거예요. 나 자신을 믿는 마음으로 더 많은 기회를 선물해 주세요. 그런 크고 작은 경험들이 쌓이고 쌓이면 결국 여러분에게 '꿈'을 선물할 거예요. 꿈은 찾는 게 아니라, 스스로 만들어 가는 것이랍니다.

만약 이 책을 읽고 새로운 도전을 경험했다면, 여러분의 이야기를 메일로 보내 주세요. 혹시 알아요? 여러분이 선생님의 다음 책 속 주인공이 될지! 누구나 이 책 속의 주인공이 될 수 있답니다. 선생님이 두 팔 벌려 여러분의 이야기를 기다리고 있을게요. 이 책을 읽고 여러분의 가슴 속에 꿈틀대는 작은 꿈의 씨앗이 쑥쑥 자란다면, 선생님은 더할 나위 없이 행복할 거예요.

저는 정말로 행운아입니다. 이 책이 탄생하기까지 도움을 주신 분이 참 많거든요. 특히 자신의 스토리를 기꺼이 들려준 일등공신 형빈, 제우, 슬비, 승혁, 혜교, 승준, 지윤이에게 진심 가득 담아 감사를 전합니다. 이렇게 큰 사한 주인공들의 이야기를 소개할 수 있어 너무 벅찬 시간이었어요.

책 속 주인공들을 예쁘게 그려 주신 홍그림 그림작가님과, 벌써 8년째 인연을 맺으며 제 책을 세상에 펴내 주신 보랏빛소 출판사 식구들에게도 감사드립니다. 한 분 한 분 일일이 다 나열할 순 없지만 이 책이 완성되기까지 아낌없이 조언해 주시고 응원해 주신 모든 분들께도 깊은 감사의 마음을 전하고 싶습니다.

마지막으로 늘 내 든든한 지원군이자 버팀목이 되어 주는 사랑하는 양가 부모님과 남편 이경훈에게 가장 특별한 감사의 인사를 전하며, 내게 '엄마'라는 이름의 초인적인 힘을 발휘하게 만들어 주는 이 책의 첫 독자, 사랑스러운 두 딸 채윤이와 채원이에게 이 책을 바칩니다.

마흔, 집필을 마무리하며 저는 누군가에게 긍정적인 영향력을 주는 삶을 살고 싶다는 또 하나의 꿈을 이룹니다. 이 책이 세상을 변화시키는 작은 시작이 되기를 소망합니다.

2022년 꿈이 빛나는 날에, 백수연

생각쑥쑥 지식학교 01
10대를 위한 사회참여 이야기

초판 1쇄 발행 2022년 3월 2일

글 | 백수연
그림 | 홍그림

펴낸곳 | 보랏빛소
펴낸이 | 김철원

책임편집 | 김이슬
마케팅·홍보 | 이태훈
디자인 | 진선미

출판신고 | 2014년 11월 26일 제2015-000327호
주소 | 서울시 마포구 포은로 81-1 에스빌딩 201호
대표전화·팩시밀리 | 070-8668-8802 (F)02-323-8803
이메일 | boracow8800@gmail.com

- 이 책의 판권은 저자와 보랏빛소에 있습니다. 저작권법에 의해 보호 받는 저작물이므로 무단전재와 복제를 금합니다.
- 책값은 뒤표지에 있습니다. 잘못된 책은 구입한 곳에서 바꾸어 드립니다.